café com Deus pai KIDS

UM AMOR QUE SEMPRE ME ABRAÇA

JUNIOR ROSTIROLA

VOLUME 3 DE 4

vélos

Vélos
EDITORA

Editora Vélos
Tel.: 47 3083-8555
contato@editoravelos.com.br
www.editoravelos.com.br

Quaisquer citações nesta obra estão adaptadas ao Acordo Ortográfico de 1990, vigente desde janeiro de 2009.

Erratas e arquivos de apoio poderão ser encontrados no site da editora com a devida correção e/ou material aplicável à obra relativa.

Direção geral
Junior Rostirola

Editor-chefe
Michele Rostirola de Lima

Supervisor Editorial
Marcos Vinicius Ferreira

Editor Assistente
Joshua dos Santos

Editor responsável
Gisele Romão da Cruz

Edição
Renata Vaes

Copidesque
Carolyne Larrúbia
Salete Dorow
Marcos Ferreira
Joshua dos Santos

Revisão de provas
Emanuelle Malecka
Elaine Freddi
Bruna Gomes Ribeiro

Ilustração
Jonatas Ilustre
Matheus Santos
Amanda C. Barros
Nicolle Doerzapff

Diagramação
Jonatas Ilustre
Matheus Santos

Capa e projeto gráfico
Jonatas Ilustre

Esta obra foi composta em Duper e impressa por Geográfica sobre papel *Offset* 90 g/m² para Editora Vélos.

FSC
www.fsc.org
MISTO
Papel | Apoiando o manejo florestal responsável
FSC® C019498

Dados Internacionais de Catalogação na Publicação (CIP)
(Câmara Brasileira do Livro, SP, Brasil)

Rostirola, Junior
Café com Deus Pai kids : um amor que sempre me abraça / Junior Rostirola. -- Itajaí, SC : Editora Vélos, 2025. -- (Café com Deus Pai Kids ; 3)

IISBN 978-65-85930-56-7

1. Deus (Cristianismo) 2. Literatura devocional 3. Vida cristã I. Título. Título II. Série

25-298038.0 CDD-242

Índices para catálogo sistemático:
1. Literatura devocional : Cristianismo 242
Henrique Ribeiro Soares - Bibliotecário - CRB-8/9314

INTRODUÇÃO

OI, AMIGO!

MEU NOME É **EXPRESSINHO.**

QUAL É O SEU NOME?

____

TEREMOS GRANDES AVENTURAS COM JOÃO, ISABELLA E TODA A TURMA. NOSSOS DIAS VÃO SER INESQUECÍVEIS E EMOCIONANTES!

TEMOS UM JEITINHO TODO DIFERENTE ESTE ANO. PARA SEU LIVRO SER MAIS FÁCIL DE SEGURAR E DE USAR, SEPARAMOS AS HISTÓRIAS AO LONGO DO ANO. NO LIVRO 1, VOCÊ TERÁ AS HISTÓRIAS PENSADAS PARA SEREM LIDAS DE JANEIRO A MARÇO. NO LIVRO 2, DE ABRIL A JUNHO. NO LIVRO 3, DE JULHO A SETEMBRO. NO LIVRO 4, DE OUTUBRO A DEZEMBRO.

É CLARO QUE VOCÊ PODE LER EM OUTRA ORDEM, MAS ALGUMAS INFORMAÇÕES DEPENDEM DA CONTINUIDADE DA HISTÓRIA, ESTÁ BEM?

VENHA COM A GENTE E DESCUBRA O AMOR DE DEUS PAI POR VOCÊ E SUA FAMÍLIA!!!

AMIGUINHO, NOSSA FAMÍLIA É ALGO MUITO PRECIOSO QUE DEUS NOS DEU! PINTE AS IMAGENS COM MUITO CAPRICHO.

PARTE 7

QUERO CONHECER JESUS CADA DIA MAIS

DIVERSÃO EM FAMÍLIA

VAMOS RECEBER JESUS EM NOSSA CASA?
PINTE O DESENHO BEM BONITO.

LEITURA BÍBLICA: FILIPENSES 3.7-10

DIA 182

QUERO CONHECER JESUS!

OS MENINOS QUERIAM MUITO APRENDER SOBRE OS GRANDES HOMENS DE DEUS, NO MEIO DE TANTOS, ELES ESCOLHERAM ESTUDAR UM POUCO MAIS SOBRE UM HOMEM MUITO ESPECIAL CHAMADO PAULO! ELES SE PERGUNTAVAM: "COMO SERÁ QUE PAULO, QUE NÃO ANDOU PERTINHO DE JESUS, SABIA TANTA COISA SOBRE ELE?".

ENZO QUERIA DESCOBRIR. UM DIA, ELE ENCONTROU UMA CARTA QUE PAULO ESCREVEU. DIZIA QUE SABIA DE JESUS PORQUE ELE QUERIA MUITO, MUITO MESMO, CONHECER JESUS COM TODO O SEU CORAÇÃO! PAULO ERA UM HOMEM INTELIGENTE E IMPORTANTE. ELE PODIA TER TUDO O QUE QUERIA, MAS DEIXOU TUDO ISSO PARA CONHECER JESUS DE VERDADE. NÓS TAMBÉM PODEMOS, HOJE, SABER UM POUQUINHO MAIS SOBRE JESUS! SABE COMO? PAULO FOI ESCREVENDO CARTAS E CONTANDO TUDO O QUE APRENDEU. É COMO SE ELE ESTIVESSE NOS DANDO UM PRESENTE!

ENZO, NO FINAL DA LEITURA, DISSE:

— EU ACHAVA QUE SERIA MUITO DIFÍCIL, OU QUE NUNCA CONSEGUIRIA CONHECER JESUS. MAS AGORA EU SEI QUE TUDO COMEÇA COM O QUE EU DESEJO NO MEU CORAÇÃO. EU DESEJO CONHECER JESUS MAIS DO QUE TUDO!

ENTÃO, ENZO SE AJOELHOU E FEZ UMA ORAÇÃO DE CORAÇÃO:

— QUERIDO JESUS, MESMO QUE EU NÃO TENHA ANDADO COM O SENHOR, COMO OS SEUS DISCÍPULOS, EU QUERO TE CONHECER. QUERO TE VER NO MEU CORAÇÃO E CONTAR PARA TODO MUNDO QUEM O SENHOR É. AMÉM!

PENSE UM POUQUINHO E RESPONDA: DE QUE JEITINHO VOCÊ PODE CONHECER MAIS SOBRE JESUS?

ORAÇÃO

QUERIDO JESUS, EU TAMBÉM DESEJO, DE TODO O CORAÇÃO, TE CONHECER. AMÉM.

O DIA MAIS INESQUECÍVEL!

VITÓRIA AMAVA O SEU DEVOCIONAL, AQUELE MOMENTO EM QUE A GENTE LÊ A BÍBLIA E FALA COM DEUS PAI. PARA ELA, ERA UM MOMENTO ESPECIAL – SÓ ELA E DEUS PAI JUNTINHOS.

UM DIA, ELA ESTAVA PERTINHO DA JANELA DO SEU QUARTO, OLHANDO SEU CADERNO, ONDE ANOTAVA AS COISAS QUE DEUS FALAVA COM ELA. DE REPENTE, ENCONTROU UMA DE SUAS HISTÓRIAS FAVORITAS: QUANDO JESUS ENCONTROU A MULHER SAMARITANA PERTO DE UM POÇO! VITÓRIA JÁ TINHA LIDO ESSA HISTÓRIA VÁRIAS VEZES, MAS, NESSE DIA, FICOU PENSANDO EM UMA COISA MUITO ESPECIAL.

– UAU, DEVE TER SIDO UM DIA INESQUECÍVEL PARA AQUELA MULHER! PORQUE ELA ESPERAVA POR ALGUÉM MUITO, MUITO IMPORTANTE: O MESSIAS. ELE É O SALVADOR, ALGUÉM QUE VIRIA DE DEUS PARA AJUDAR AS PESSOAS.

JESUS CONVERSOU COM ELA E DISSE UMA COISA QUE FEZ O CORAÇÃO DA MULHER PULAR DE ALEGRIA: "EU SOU O MESSIAS! EU QUE ESTOU FALANDO COM VOCÊ!". JÁ IMAGINOU? É COMO SE VOCÊ ESPERASSE MUITO TEMPO PARA ENCONTRAR SEU HERÓI FAVORITO E, DE REPENTE, ELE APARECESSE BEM NA SUA FRENTE!

VITÓRIA FICOU TÃO FELIZ QUE ABRAÇOU SEU CADERNO E DISSE:

– UM DIA VAI SER ASSIM COMIGO TAMBÉM! O JESUS QUE EU AMO TANTO VAI APARECER LÁ NO CÉU, NAS NUVENS, PARA ME BUSCAR! AH, ESSE VAI SER, COM CERTEZA, O DIA MAIS INCRÍVEL E INESQUECÍVEL DA MINHA VIDA!

NÓS TAMBÉM ESPERAMOS POR ESSE DIA! ASSIM COMO A MULHER SAMARITANA TEVE O SEU ENCONTRO INESQUECÍVEL COM JESUS, UM DIA, JESUS VOLTARÁ PARA NOS BUSCAR, E SERÁ A MAIOR FESTA DE TODAS!

ORAÇÃO

QUERIDO JESUS, EU MAL POSSO ESPERAR PELO DIA EM QUE VAMOS NOS ENCONTRAR! AMÉM.

AS MARCAS DE CRISTO

QUANDO A FAMÍLIA DA VALENTINA CHEGOU EM CASA, HAVIA UMA SURPRESA! ALGUNS AMIGOS TINHAM PREPARADO UM ALMOÇO! ELES COMERAM JUNTOS E AGRADECERAM A JESUS.

DURANTE O ALMOÇO, VALENTINA ESTAVA UM POUCO AGITADA, COM UMA PERGUNTA QUE NÃO SAÍA DA CABEÇA. ELA TENTAVA, TENTAVA, MAS NÃO CONSEGUIA ACHAR UM ESPACINHO NA CONVERSA PARA PERGUNTAR. ATÉ QUE, QUANDO TODO MUNDO TERMINOU DE COMER E A MAMÃE FOI PEGAR A SOBREMESA NA GELADEIRA, ELA NÃO AGUENTOU E PERGUNTOU:

— VOVÓ, A SENHORA TEM TATUAGEM?

TODO MUNDO NA MESA PAROU E COMEÇOU A RIR, SEM ENTENDER NADA! A VOVÓ FICOU ATÉ UM POUCO SEM GRAÇA, SE PERGUNTANDO DE ONDE VALENTINA TINHA TIRADO AQUELA IDEIA. ENTÃO, VALENTINA CONTINUOU, RAPIDINHO:

— É QUE EU OUVI A SENHORA DIZER QUE TEM MARCAS NO CORPO, COMO AS MARCAS DO APÓSTOLO PAULO, MAS EU NUNCA VI NENHUMA MARCA!

AH, O MISTÉRIO FOI DESVENDADO! TODO MUNDO ENTENDEU E ACHOU MUITO ENGRAÇADO! A VOVÓ TINHA FALADO DE UM VERSÍCULO DA BÍBLIA, ONDE O APÓSTOLO PAULO DIZ QUE CARREGA NO CORPO AS MARCAS DE JESUS. ELA ESTAVA LEMBRANDO DOS DIAS DIFÍCEIS QUE JÁ PASSARAM, MAS QUE, GRAÇAS A DEUS, FICARAM PARA TRÁS!

TER AS MARCAS DE JESUS NÃO É TER UMA TATUAGEM DE VERDADE OU UMA CICATRIZ QUE A GENTE PODE VER NA PELE. TER AS MARCAS DE JESUS SIGNIFICA TER O NOSSO CORAÇÃO CHEIO DE COISAS BOAS QUE ELE NOS ENSINA: TER MUITO AMOR, NUNCA DESISTIR E TER FÉ, QUE É ACREDITAR QUE JESUS CUIDA DE TUDO!

ORAÇÃO

QUERIDO JESUS, EU QUERO TER AS TUAS MARCAS EM MIM. AMÉM.

DIA 185

LEITURA BÍBLICA: HEBREUS 1.3

EM JESUS, VEMOS O PAI!

JOÃO ESTAVA IMAGINANDO O TAMANHO DE DEUS, MAS É TÃO DIFÍCIL! ELE PENSOU NO MAR, MAS A BÍBLIA DIZ QUE DEUS SEGURA TODA A ÁGUA DO MAR NA PALMA DA SUA MÃO! UAU! DEPOIS, PENSOU NO CÉU E DESCOBRIU QUE DEUS MEDE OS CÉUS COM A PALMA DA MÃO! QUE INCRÍVEL! E A TERRA? OS PAÍSES? AS NAÇÕES? JOÃO FICOU SABENDO QUE, PARA DEUS, TUDO ISSO É COMO UM GRÃOZINHO DE AREIA NUMA BALANÇA.

VAMOS PINTAR AS GRANDES COISAS CRIADAS POR DEUS?

“COMO MEDIR O TAMANHO DE UM DEUS TÃO GRANDÃO ASSIM?”, PENSOU. MAS AÍ, O PASTOR FALOU UMA COISA MUITO ESPECIAL: A GENTE NÃO CONSEGUE ENTENDER TUDO SOBRE DEUS, PORQUE ELE É MUITO GRANDE! MAS SABE COMO PODEMOS CONHECER COMO DEUS É? OLHANDO PARA O FILHO DELE: JESUS!

JESUS É COMO UM BRILHO BEM FORTE DA LUZ DE DEUS! ELE MOSTRA DIREITINHO COMO DEUS PAI É. JESUS, COM SUA PALAVRA PODEROSA, CUIDA DE TUDO NO MUNDO! A GENTE PODE VER O QUANTO DEUS PAI É GRANDE NAS COISAS SIMPLES. POR ISSO, PODEMOS CONFIAR DE OLHOS FECHADOS EM TUDO O QUE JESUS DIZ. ELE SEMPRE FALA A VERDADE! JESUS NOS LEMBRA QUE DEUS ESTÁ BEM PERTINHO E QUE PODEMOS CONVERSAR COM ELE A QUALQUER HORA!

JESUS É O NOSSO MAIOR EXEMPLO. E JOÃO, FINALMENTE, ENTENDEU ISSO!

ORAÇÃO

DEUS PAI, OBRIGADO PORQUE, O SENHOR ESTÁ SEMPRE BEM PERTINHO DE MIM, POR CAUSA DE JESUS. AMÉM.

COM JESUS, SOU CORAJOSO!

NO LANCHE, ENZO E JOÃO SE ENCONTRARAM! ENQUANTO COMIAM, APROVEITARAM PARA TROCAR FIGURINHAS E CONVERSAR SOBRE AS NOVIDADES.

— ESTOU ESTUDANDO A VIDA DE PAULO! DESDE AQUELE DIA QUE O PROFESSOR DA SUA IGREJA FALOU DELE, FIQUEI COM UMA CURIOSIDADE GIGANTE DE SABER MAIS SOBRE ESSE HOMEM QUE, MESMO SEM TER ANDADO COM JESUS, FEZ TANTA COISA INCRÍVEL! — DISSE ENZO, ANIMADO.

— E AÍ, VOCÊ JÁ CHEGOU LÁ NA PARTE FINAL? QUANDO ELE VAI PARA UMA CIDADE CHAMADA ROMA? — PERGUNTOU JOÃO.

— HUM, ACHO QUE NÃO! ME CONTA LOGO, JOÃO, ESTOU SUPERCURIOSO! — PEDIU ENZO.

— ENTÃO, OS AMIGOS DE PAULO CHORAVAM MUITO PORQUE SABIAM QUE ELE IA EMBORA. MAS SABE O QUE É MAIS INCRÍVEL? PAULO ESTAVA CALMO, SEM MEDO NENHUM! ELE DISSE QUE, POR CAUSA DE JESUS, ELE ESTAVA PRONTO PARA TUDO, ATÉ PARA MORRER, SE FOSSE PRECISO! — EXPLICOU JOÃO.

— UAU... ELE ERA MESMO MUITO CORAJOSO! — SUSPIROU ENZO.

— ERA, SIM! DEPOIS QUE LI ESSA PARTE, COMECEI A ORAR PEDINDO CORAGEM PRA DEUS TAMBÉM. TEM UM MONTÃO DE OUTROS EXEMPLOS DE CORAGEM NA BÍBLIA, SABIA? COMO ESTEVÃO E PEDRO, ELES TAMBÉM FORAM SUPER VALENTES! MAS PAULO... AH, ELE É DE ARREPIAR, AMIGO! MUITO LEGAL QUE VOCÊ ESTÁ APRENDENDO SOBRE ELE TAMBÉM — DISSE JOÃO, ANIMANDO O AMIGO A CONTINUAR LENDO.

SABIA QUE VOCÊ TAMBÉM PODE FAZER COISAS GRANDES E CORAJOSAS COM JESUS? SE PEDIR CORAGEM A JESUS, ELE VAI AJUDAR VOCÊ A SER FORTE, ASSIM COMO ESSES GRANDES HOMENS E MULHERES DE DEUS QUE LEMOS NA BÍBLIA.

ORAÇÃO

QUERIDO DEUS, POR FAVOR, ME DÁ CORAGEM PARA QUE, COM JESUS, EU SEJA FORTE E VALENTE. AMÉM.

TESOURO DE VERDADE

VALENTINA ESTAVA VENDO A MAMÃE SE ARRUMAR. COM OS OLHOS BRILHANDO, ELA PERGUNTOU:

— MAMÃE, DESSAS JOIAS TODAS, QUAL A QUE VOCÊ MAIS GOSTA?

A MÃE SORRIU E EXPLICOU:

— AH, MINHA FILHA! ISSO AQUI NÃO SÃO JOIAS DE VERDADE, SÃO SÓ BIJUTERIAS.

MAS VALENTINA AS ACHAVA LINDAS!

— MAS MAMÃE, ELAS BRILHAM COMO JOIAS! E FICAM LINDAS EM VOCÊ!

A MAMÃE, ENTÃO, EXPLICOU A DIFERENÇA:

— VALENTINA, JOIAS SÃO BEM CARAS E VALEM MUITO DINHEIRO. ANTIGAMENTE, REIS E RAINHAS TINHAM MUITAS E DIZIAM QUE ERAM SEUS MAIORES TESOUROS, COMO OURO, PRATA E PEDRAS PRECIOSAS.

VALENTINA, PENSANDO NAQUILO, PERGUNTOU:

— ENTÃO A SENHORA NÃO TEM TESOURO?

— TENHO, SIM! TENHO UM DOS MAIORES TESOUROS DO MUNDO! TENHO VOCÊ, A NOSSA FAMÍLIA E O MAIS PRECIOSO DE TODOS: JESUS!

A BÍBLIA NOS ENSINA QUE O DINHEIRO NÃO SALVA A GENTE NO DIA DO PERIGO. O QUE NOS SALVA E NOS PROTEGE DE VERDADE É ANDAR PERTINHO DE JESUS E FAZER O CERTO. VALENTINA, ENTENDEU TUDINHO E, TODA ANIMADA, COLOCOU TRÊS COLARES DA MÃE NO PESCOÇO E DISSE:

— AH, ENTÃO, QUANDO EU CRESCER, VOU QUERER SER RICA IGUAL A VOCÊ, MAMÃE. RICA DE AMOR, DE JESUS E DE BIJUS!

A MAMÃE RIU MUITO COM A IDEIA. E VALENTINA ESTÁ CERTÍSSIMA!

ORAÇÃO

QUERIDO DEUS, OBRIGADO POR ME FAZER RICO, DANDO-ME O MAIOR TESOURO: JESUS. AMÉM.

LEITURA BÍBLICA: GÁLATAS 2.20

DIA 188

SUA VIDA É DE JESUS

GABRIEL E O VOVÔ ESTAVAM SENTADOS NA VARANDA, TENTANDO ADIVINHAR A COR DOS CARROS QUE IAM PASSAR. ESSA ERA UMA BRINCADEIRA QUE O VOVÔ GOSTAVA NA INFÂNCIA! AGORA, COM GABRIEL JUNTO, FICOU AINDA MAIS DIVERTIDA! ESTAR COM O VOVÔ ERA SEMPRE ASSIM: CALMO, SEM PRESSA. GABRIEL GOSTAVA DESSE JEITO DEVAGAR. NAQUELA TARDE, ELE DISSE:

— SABE, VOVÔ... ÀS VEZES EU FICO COM VONTADE DE FAZER AS COISAS RÁPIDO, DO MEU JEITO! E, QUANDO ALGO DÁ ERRADO, EU FICO BRAVO! MAS AÍ EU LEMBRO DO SENHOR... O SENHOR FAZ TUDO COM TANTA CALMA! PERCEBI QUE, QUANDO EU PARO PARA RESPIRAR FUNDO E PENSAR UM POUQUINHO ANTES DE FAZER AS COISAS, TUDO DÁ MAIS CERTO!

O VOVÔ SORRIU E DISSE:

— AH, MEU NETO... JÁ VIVI MUITA COISA! A VIDA QUE EU VIVO HOJE É PORQUE CONFIO EM JESUS! ENTÃO, NÃO ADIANTA FAZER AS COISAS COM PRESSA, COM RAIVA OU DO JEITO QUE NÃO É BOM. O MELHOR É SEMPRE PERGUNTAR AO ESPÍRITO SANTO (QUE MORA NO NOSSO CORAÇÃO!) COMO FAZER. ÀS VEZES, A RESPOSTA VEM RAPIDINHO, OUTRAS VEZES DEMORA UM POUQUINHO... MAS NÃO IMPORTA, PORQUE ELE SEMPRE SABE O QUE É MELHOR PARA A GENTE!

GABRIEL ENTENDEU E DISSE:

— É VERDADE! ESTOU APRENDENDO A FICAR MAIS CALMO. SÓ NÃO CONSIGO GANHAR DO SENHOR NA BRINCADEIRA DOS CARROS... O SENHOR ACERTA TUDO!

OS DOIS DERAM RISADA E CONTINUARAM, JUNTOS, APROVEITANDO AQUELE MOMENTO CHEIO DE AMOR, CALMA E ALEGRIA.

ORAÇÃO

QUERIDO JESUS, ME AJUDA A ESPERAR E OUVIR O QUE O SENHOR QUER ME ENSINAR. AMÉM.

LEITURA BÍBLICA: ATOS 4.18-21

café com Deus Pai KIDS

EU PREFIRO OBEDECER A DEUS!

AO CHEGAREM EM CASA, A MAMÃE DA VITÓRIA PERCEBEU QUE ELA ESTAVA UM POUQUINHO CHATEADA, ENTÃO A CHAMOU PARA CONVERSAR:

— NEM TODO MUNDO ACREDITA EM JESUS. ÀS VEZES É PORQUE NÃO CONHECEM ELE DE VERDADE, OU ATÉ SABEM, MAS MISTURAM AS COISAS E ACHAM QUE ESTÁ TUDO BEM. A TIA MARILDA, POR EXEMPLO, AINDA NÃO CONHECE JESUS DE VERDADE. MAS, COM MUITO AMOR, A GENTE VAI CONTANDO PARA ELA SOBRE AS COISAS DE DEUS... BEM AOS POUQUINHOS.

— MAMÃE, EU QUERIA TER CONTADO PARA UMA MENINA SOBRE O QUE SIGNIFICA A CRUZ DE JESUS, MAS FIQUEI COM MEDO!

A MAMÃE SORRIU E DISSE:

— EU ENTENDO. TEVE UMA VEZ QUE OS AMIGOS DE JESUS, OS DISCÍPULOS, PASSARAM POR UMA SITUAÇÃO PARECIDA. ELES FORAM PROIBIDOS DE FALAR SOBRE JESUS! MESMO ASSIM, FORAM MUITO CORAJOSOS E CONTINUARAM FALANDO, PORQUE PREFERIAM OBEDECER A DEUS PAI E NÃO ÀS PESSOAS. E QUASE CINCO MIL PESSOAS CONHECERAM JESUS! O SENHOR VAI TE DAR MUITA CORAGEM PARA UMA PRÓXIMA VEZ, TENHO CERTEZA!

NÓS, ASSIM COMO A VITÓRIA, PODEMOS ESTAR EM LUGARES ONDE AS PESSOAS AINDA NÃO CONHECEM A VERDADE DE JESUS. MESMO QUE PAREÇA QUE TODO MUNDO PENSA DIFERENTE, NÃO PRECISAMOS TER MEDO! O SENHOR ESTÁ SEMPRE COM A GENTE; E É MELHOR OBEDECER A DEUS DO QUE ÀS PESSOAS!

ÀS VEZES, ALGUÉM VAI NOS PERGUNTAR SOBRE JESUS, POR ISSO, É MUITO BOM ORAR PEDINDO CORAGEM E ESTAR PRONTINHO PARA FALAR SOBRE COMO JESUS É MARAVILHOSO!

ORAÇÃO

QUERIDO JESUS, QUERO TE OBEDECER E CONTAR PARA AS PESSOAS QUE AINDA NÃO TE CONHECEM COMO TU ÉS BOM. AMÉM.

UM NOME PODEROSO!

VITÓRIA RECEBEU UM DESAFIO SUPERLEGAL DA PROFESSORA DA IGREJA: FALAR DE JESUS PARA ALGUÉM DURANTE A SEMANA! ELA FICOU ANIMADA E PENSOU: "QUEM EU POSSO CHAMAR PARA IR À IGREJA NO DOMINGO?". MAS LOGO VEIO A DÚVIDA: "POR ONDE COMEÇO? O QUE VOU FALAR?".

SEUS AMIGOS MAIS PRÓXIMOS JÁ CONHECIAM JESUS. ENTÃO, ELA PENSOU: "COMO COMEÇO UMA CONVERSA SOBRE ELE?". DE REPENTE, VITÓRIA SE LEMBROU DE ALGO IMPORTANTE: O NOME DE JESUS É PODEROSO DEMAIS! A BÍBLIA DIZ: "TODO JOELHO VAI SE DOBRAR E TODA LÍNGUA VAI DIZER QUE JESUS É O SENHOR!". UAU!

VITÓRIA DISSE PARA SI MESMA:

— AS PESSOAS PRECISAM SABER QUE NUNCA ESTÃO SOZINHAS... E QUE SEMPRE PODEM CHAMAR O NOME DE JESUS!

NAQUELA TARDE, COMEÇOU A CHOVER FORTE, E ALGUNS PAIS DEMORARAM PARA BUSCAR OS FILHOS NA ESCOLA. ENQUANTO ESPERAVA, VITÓRIA VIU UMA MENINA QUE PARECIA ASSUSTADA COM OS TROVÕES. ENTÃO, CHEGOU BEM PERTINHO E DISSE:

— NÃO PRECISA TER MEDO! SEUS PAIS JÁ VÃO CHEGAR. E SABE DE UMA COISA BEM LEGAL? SE VOCÊ QUISER, EU POSSO CHAMAR JESUS PARA FICAR AQUI COM A GENTE. O NOME DELE É PODEROSO E MANDA O MEDO EMBORA!

A MENINA DISSE QUE QUERIA! ASSIM QUE AS DUAS CHAMARAM O NOME DE JESUS, A CHUVA COMEÇOU A PARAR, E O CORAÇÃO DA MENINA FICOU CALMINHO!

O NOME DE JESUS É PODEROSO! ELE CUIDA DA GENTE, NOS AJUDA E TIRA TODO O MEDO! VOCÊ TAMBÉM PODE FALAR DE JESUS COM AMOR E ALEGRIA, ASSIM COMO A VITÓRIA FEZ!

VAMOS COLORIR O NOME MAIS PODEROSO DE TODOS? PINTE O NOME DE JESUS QUE ESTÁ EM BRANCO PARA QUE FIQUE BEM BONITO.

JESUS

ORAÇÃO

QUERIDO JESUS, ME AJUDE A FALAR DO SEU NOME COM ALEGRIA. AMÉM.

LEITURA BÍBLICA: ATOS 4.12

ESPALHANDO JESUS

VITÓRIA VIU SEUS AMIGOS JOÃO E ENZO CONVERSANDO ANIMADAMENTE SOBRE O QUE QUERIAM SER QUANDO CRESCESSEM! UMA PROFESSORA DE PORTUGUÊS PEDIU PARA ELES PENSAREM EM TRÊS COISAS LEGAIS PARA FAZER NO FUTURO.

— EU NÃO CONSIGO PENSAR EM TRÊS, E AGORA? — PERGUNTOU JOÃO.

— EU EMPRESTO UMA DAS MINHAS DEZ IDEIAS, AMIGO! — DISSE ENZO, FAZENDO OS AMIGOS RIREM. ELE JÁ TINHA PENSADO EM SER ASTRONAUTA, PROFESSOR DE EDUCAÇÃO FÍSICA, E ATÉ ADVOGADO COMO O PAI, OU VENDEDOR COMO A MÃE!

AÍ, VITÓRIA, QUE É BEM ESPERTA, DISSE:

— EI, QUE TAL SE A GENTE PENSASSE EM COISAS QUE PODEMOS FAZER QUANDO CRESCER PARA FALAR DE JESUS?

GABRIEL LOGO RESPONDEU:

— MAS AÍ EU TERIA QUE SER PASTOR E FALAR NO MICROFONE, E EU FICO MEIO ENVERGONHADO!

VITÓRIA EXPLICOU:

— NÃO, AMIGO! NÃO PRECISA SER PASTOR PARA FALAR DE JESUS. SABE, NÓS SOMOS COMO PEQUENOS MISSIONÁRIOS. ISSO QUER DIZER QUE TEMOS UMA MISSÃO MUITO IMPORTANTE: CONTAR PARA TODO MUNDO QUE SÓ JESUS PODE NOS SALVAR E NOS DAR VIDA PARA SEMPRE COM DEUS. E A GENTE PODE FAZER ISSO DE MUITOS JEITOS! EU, POR EXEMPLO, QUERO FALAR DE JESUS USANDO A MÚSICA.

ISSO MUDOU A CONVERSA DOS AMIGOS! ELES COMEÇARAM A PENSAR EM COMO PODERIAM SER AJUDANTES DE JESUS EM TODOS OS LUGARES: NA ESCOLA, NO HOSPITAL, NAS LOJAS, NOS ESCRITÓRIOS! JESUS PODE ESTAR EM TODOS OS LUGARES, E NÓS PODEMOS FALAR DELE EM TODO LUGAR!

ORAÇÃO

QUERIDO DEUS, QUERO SER TEU AJUDANTE E FALAR DO TEU NOME. AMÉM.

LEITURA BÍBLICA: JOÃO 16.16

ASSUNTO FAVORITO!

QUAL É O DIA MAIS ESPERADO DE TODOS? É O DIA EM QUE O JESUS VAI VOLTAR! VITÓRIA, QUE AMA MUITO JESUS, ADORA PENSAR NESSE DIA! ESSE É O ASSUNTO FAVORITO DELA! ELA PASSA HORAS DESENHANDO, ESCREVENDO E IMAGINANDO UM MONTE DE COISAS QUE VÃO ACONTECER. ELA PENSA ASSIM:

— EU ACHO QUE, QUANDO JESUS VOLTAR E FIZER TUDO NOVO EM MIM, ELE VAI ME DAR UM VESTIDO BEM BONITO! AÍ, NO NOSSO ENCONTRO, ELE VAI ME GIRAR E GIRAR BEM FORTE! AH, VAI SER MUITO, MUITO LEGAL!

UM DIA, VITÓRIA PERGUNTOU PARA AS AMIGAS DELA:

— E VOCÊS? O QUE IMAGINAM PARA ESSE DIA TÃO ESPECIAL?

ISABELLA DISSE:

— HMM, EU NUNCA PENSEI NISSO! A BÍBLIA DIZ QUE NINGUÉM SABE O DIA, NÃO É? NÃO SEI SE AINDA VOU SER CRIANÇA, OU SE JÁ SEREI ADULTA. COMO VOU IMAGINAR?

VALENTINA PERGUNTOU:

— UMA VEZ, EU VI UM FILME. AS PESSOAS ESTAVAM COM MUITO MEDO! ERA UMA BAGUNÇA NO MUNDO TODO! SERÁ QUE A GENTE VAI TER QUE FUGIR ANTES DE ENCONTRAR JESUS?

VITÓRIA OUVIU AS AMIGAS COM ATENÇÃO E FALOU COM UM SORRISO:

— MENINAS, EU TAMBÉM NÃO SEI DIREITINHO COMO VAI SER, MAS PENSEM SÓ: NO DIA EM QUE JESUS OLHAR BEM NOS NOSSOS OLHOS E CHAMAR A GENTE PELO NOME... AH, COMO NÃO SER O ASSUNTO MAIS FAVORITO DE TODOS? VAI SER INCRÍVEL!

JESUS VAI VOLTAR LOGO, LOGO! PODE SER HOJE, AMANHÃ OU QUANDO A GENTE FOR ADULTO. MAS ELE VAI VOLTAR! SABE, PARA QUEM NÃO AMA JESUS, PODE SER UM DIA TRISTE. MAS, PARA A GENTE QUE ESPERA POR ELE COM ALEGRIA, VAI SER TÃO, TÃO LINDO QUANTO VITÓRIA IMAGINA!

ORAÇÃO

QUERIDO JESUS, QUERO ESTAR PRONTO QUANDO O SENHOR VOLTAR. AMÉM.

LEITURA BÍBLICA: GÁLATAS 3.3

O MELHOR GUIA

ENZO ENCONTROU JOÃO E FOI TODO ANIMADO CONTAR QUE ESTAVA IMAGINANDO O QUE ELE PODERIA SER QUANDO CRESCESSE.

— AMIGO, EU ESTAVA PENSANDO... QUANDO EU FOR GRANDE, ACHO QUE QUERO SER ADVOGADO, IGUAL AO MEU PAI. É VERDADE QUE VOU TER QUE LER MUITO, MAS, SE EU ME ESFORÇAR, ACHO QUE CONSIGO! — DISSE ENZO.

— QUE LEGAL, ENZO! EU TAMBÉM GOSTO DE IMAGINAR O QUE VOU SER QUANDO CRESCER. COMO EU ADORO CONTAR HISTÓRIAS DA BÍBLIA, ACHO QUE VOU SER PROFESSOR OU PASTOR — RESPONDEU JOÃO.

— AH, SE EU FOR ESCOLHER SÓ PELO QUE EU GOSTO DE FAZER, EU IA SER JOGADOR DE FUTEBOL OU UM CRAQUE NO VIDEOGAME! — AFIRMOU ENZO, DANDO UMA RISADA BEM ALTA.

— É VERDADE, AMIGO! FAZER O QUE A GENTE GOSTA TAMBÉM É IMPORTANTE. EU NÃO ME IMAGINO ESCOLHENDO ALGO QUE EU NÃO GOSTE DE FAZER. MAS SABE DE UMA COISA? EU SINTO ALGO DIFERENTE NO MEU CORAÇÃO. ACHO QUE É DEUS PAI ME MOSTRANDO O CAMINHO — EXPLICOU JOÃO.

— APRENDI QUE A GENTE DEVE SEGUIR O QUE DEUS MOSTRA PARA A GENTE, E NÃO SÓ O QUE DÁ VONTADE OU O QUE A GENTE ACHA QUE CONSEGUE FAZER SOZINHO.

— MINHA MÃE ME DISSE ISSO TAMBÉM! ENTÃO VOU PERGUNTAR A DEUS O QUE ELE QUER QUE EU FAÇA! — DISSE ENZO.

— QUANDO A GENTE FAZ O QUE DEUS QUER, A GENTE FICA PARECIDO COM JESUS... UMA LUZ QUE ILUMINA O MUNDO! — FALOU JOÃO, E OS DOIS SAÍRAM RINDO E FELIZES POR SABER QUE DEUS PAI É O MELHOR GUIA DE TODOS!

ORAÇÃO

QUERIDO DEUS, ME AJUDA A FAZER O QUE TU QUERES, E NÃO SÓ O QUE EU QUERO. AMÉM.

DEUS FALA COMIGO

JOÃO AINDA ESTAVA PENSANDO NA CONVERSA QUE TEVE COM ENZO, SOBRE O QUE QUERIAM SER QUANDO CRESCESSEM. JOÃO SABIA QUE DEUS IA MOSTRAR O MELHOR CAMINHO. NO FUNDO DO CORAÇÃO, PARECIA QUE ELE SERIA ALGUÉM QUE FALARIA SOBRE A PALAVRA DE DEUS.

NO DOMINGO, JOÃO OUVIU O PASTOR CONTANDO SOBRE A VIDA DE EZEQUIEL. O PASTOR FALOU MUITAS COISAS LEGAIS, MAS JOÃO FICOU PENSANDO NO PRIMEIRO VERSÍCULO DA LEITURA, QUE DIZIA QUE DEUS O CHAMOU PARA FALAR.

JOÃO COMEÇOU A IMAGINAR: "POXA! SERÁ QUE DEUS FALARIA COMIGO TAMBÉM, IGUALZINHO AO EZEQUIEL?". ELE SE VIU COM ROUPAS ANTIGAS, COMO OS PROFETAS DA BÍBLIA, E PENSOU EM DEUS CHEGANDO PERTINHO PARA CHAMÁ-LO. JOÃO SENTIU UM CALOR NO CORAÇÃO E SE PERGUNTOU: "SERÁ QUE ISSO QUE ESTOU SENTINDO É DEUS ME CHAMANDO?". JOÃO GUARDOU BEM ESSA IDEIA NO CORAÇÃO. E, TODO DIA, CONVERSAVA COM DEUS. ELE PEDIA:

— DEUS, ME AJUDA A CRESCER E A APRENDER MAIS SOBRE O SENHOR, PARA EU SABER O QUE VOCÊ QUER QUE EU FAÇA!

A GENTE NÃO SABE TUDO O QUE VAI ACONTECER NO FUTURO, MAS UMA COISA É CERTA: DEUS COLOCA A VONTADE DELE NO NOSSO CORAÇÃO! E A GENTE PODE TER CERTEZA DISSO TODOS OS DIAS QUANDO ORAMOS E CONVERSAMOS COM ELE!

O QUE VOCÊ GOSTARIA DE SER QUANDO CRESCER? PENSE EM ALGO BEM LEGAL QUE VOCÊ ACHA QUE DEUS PODE PREPARAR PARA O SEU FUTURO! ESCREVA OU PEÇA AJUDA PARA ESCREVER NA LINHA PONTILHADA. DEPOIS, FAÇA UM DESENHO DE ALGO QUE TENHA A VER COM ISSO!

....

ORAÇÃO

QUERIDO DEUS, ME AJUDA A CRESCER E A FAZER AQUILO QUE O SENHOR ESCOLHER PARA MIM. AMÉM.

LEITURA BÍBLICA: 1JOÃO 1.5

O DIA É PARA SEMPRE

NA CASA DO GABRIEL, AS COISAS SEMPRE ACONTECIAM DO MESMO JEITO, E ELE NÃO PODIA MUDAR! DEPOIS DO JANTAR, ERA HORA DE AJUDAR O VOVÔ A LAVAR A LOUÇA, ESCOVAR OS DENTES, COLOCAR O PIJAMA E IR PARA A CAMA ESPERAR A VOVÓ CHEGAR PARA CONTAR UMA HISTÓRIA.

CERTA NOITE, ENQUANTO COLOCAVA O PIJAMA, GABRIEL OLHOU PARA A VOVÓ E PERGUNTOU:

— VOVÓ, A SENHORA JÁ PENSOU SE UM DIA FOSSE DIA INTEIRO?

— COMO ASSIM, QUERIDO? UM DIA JÁ É UM DIA INTEIRINHO! — DISSE A VOVÓ, SEM ENTENDER DIREITO.

— NÃO, VOVÓ! ESTOU FALANDO DE UM DIA QUE NUNCA FICA ESCURO! CLARO O TEMPO TODO! TIPO AGORA... EU IA TER QUE COLOCAR O PIJAMA E FECHAR AS CORTINAS PARA O SOL NÃO ENTRAR. JÁ PENSOU? — DISSE ELE, CURIOSO.

— OLHA, EU NUNCA PENSEI NISSO, NÃO! MAS, PENSANDO BEM. ACHO QUE DEVE SER ASSIM LÁ NO CÉU. A BÍBLIA DIZ QUE DEUS É LUZ E NÃO TEM NADA DE ESCURO ONDE ELE ESTÁ! QUER DIZER QUE NÃO DEVE TER COMO FICAR ESCURO LÁ NO CÉU! — A VOVÓ PENSOU ALTO.

— ISSO SERIA DEMAIS! DEVE SER POR ISSO QUE A GENTE TAMBÉM FALA QUE ELE NUNCA DORME, NÃO É MESMO? — CONTINUOU GABRIEL, ANIMADO.

— É, ELE NÃO DORME, MAS VOCÊ, SIM, MOCINHO! AGORA, CHEGA DE CONVERSA E VAMOS PARA A CAMA! — DISSE A VOVÓ, LEVANDO GABRIEL PARA A CAMA, ONDE ELE FICOU PENSANDO EM UM DIA SEM FIM!

ORAÇÃO

QUERIDO DEUS,
QUE A TUA LUZ
BRILHE SOBRE MIM
PARA QUE MEU
CAMINHO SEJA
SEMPRE CLARO.
AMÉM

SOMOS DIFERENTES

NA GINCANA DA ESCOLA, CADA CRIANÇA FICOU COM UMA TAREFA DIFERENTE. ALGUNS IRIAM CORRER, OUTROS IRIAM CONTAR OS PONTOS, E POR AÍ VAI. VALENTINA ESTAVA OLHANDO TUDO E CONFESSOU, BAIXINHO:

— AH, EU QUERIA TANTO CORRER TAMBÉM!

ISABELLA OUVIU A AMIGA E LOGO FALOU:

— SEM VOCÊ, NINGUÉM IA SABER OS PONTOS! VOCÊ É A NOSSA CONTADORA OFICIAL!

GABRIEL TAMBÉM CONCORDOU:

— E SEM MIM, OS CONES IAM SAIR VOANDO POR TODO LADO. — ELE RIU.

VALENTINA SORRIU E DISSE:

— VOCÊS TÊM RAZÃO! NÃO VOU DEIXAR ISSO ME ATRAPALHAR. EU SOU ESPECIAL DO MEU JEITO! CADA UM DE NÓS TEM UM PAPEL DIFERENTE E IMPORTANTE!

ORAÇÃO

DEUS, QUE LEGAL SABER QUE FAÇO PARTE DO TEU PLANO! ÀS VEZES EU FICO CONFUSO, MAS ME AJUDA A CONFIAR EM TI. AMÉM!

DIA 197

LEITURA BÍBLICA: FILIPENSES 4.8

EU SOU FORTE

UM DIA, A TURMA ESTAVA BRINCANDO DE CABO DE GUERRA. DEPOIS DA BRINCADEIRA, VALENTINA FALOU, COM A VOZ BAIXINHA E TRISTE:

— AH, GENTE, ÀS VEZES EU ME SINTO TÃO FRAQUINHA. PRINCIPALMENTE QUANDO VEJO VOCÊS CORRENDO E PULANDO! NEM CONSEGUI AJUDAR A GANHAR ESSA BRINCADEIRA.

— VALENTINA, SER FORTE NÃO É SÓ CORRER RÁPIDO OU PUXAR CORDA COM FORÇA! — DISSE ISABELLA, COLOCANDO A MÃO NO CORAÇÃO DA AMIGA. — A FORÇA DE VERDADE ESTÁ AQUI, Ó! DENTRO DO SEU CORAÇÃO! QUANDO VOCÊ ACREDITA QUE DEUS PAI TE AMA E ESTÁ SEMPRE COM VOCÊ, ISSO TE DÁ CORAGEM PARA SER QUEM VOCÊ É.

— AH, ENTÃO EU NÃO PRECISO SER FORTE POR FORA PARA SER FORTE COM JESUS? — PERGUNTOU VALENTINA, COM OS OLHINHOS BRILHANDO.

ISABELLA RESPONDEU:

— NÃO MESMO! JESUS QUER QUE A GENTE CONVERSE COM ELE QUANDO A GENTE SE SENTIR FRAQUINHO, SABIA? SÓ ELE PODE NOS AJUDAR E NOS DAR UMA SUPERFORÇA E MUITA CORAGEM.

JOÃO, TODO ENGRAÇADINHO, DISSE:

— E QUANDO PRECISAR DE FORÇA NO BRAÇO, PODE CHAMAR A GENTE! É PARA ISSO QUE SERVEM OS AMIGOS. OLHA SÓ O MEU BRAÇO, QUE FORTE!

TODOS DERAM RISADA, CONFIANTES DE QUE A VERDADEIRA FORÇA VEM DE JESUS.

ORAÇÃO

PAPAI DO CÉU, AJUDA -ME
A SER FORTE, NÃO SÓ NO CORPO,
MAS TAMBÉM NO CORAÇÃO.
AMÉM!

DEUS ME AJUDA

A PROFESSORA PEDIU PARA VITÓRIA LER UM POEMA NA FRENTE DA TURMA. VITÓRIA FICOU PREOCUPADA, POIS SEMPRE FICA COM VERGONHA DE FALAR NA FRENTE DOS OUTROS.

— AI, AI! FICO TÃO NERVOSA QUANDO PRECISO FALAR PARA A TURMA TODA! — DISSE VITÓRIA. — EU SOU MUITO TÍMIDA! ACHO QUE NÃO QUERO MAIS LER O POEMA.

A PROFESSORA OUVIU O QUE VITÓRIA DISSE E FALOU:

— QUERIDA, TER VERGONHA É NORMAL, MAS ISSO NÃO QUER DIZER QUE VOCÊ NÃO CONSEGUE FAZER COISAS LEGAIS! VOCÊ É CORAJOSA E CONSEGUE, SIM!

— EU TAMBÉM TENHO VERGONHA, PROFESSORA — DISSE VALENTINA, MAS MINHA MÃE ME ENSINOU QUE DEUS PODE ME AJUDAR A SER CORAJOSA. EU SEMPRE PEÇO A DEUS PARA ME AJUDAR QUANDO ESTOU COM MEDO.

— VIU SÓ, VITÓRIA? — PERGUNTOU A PROFESSORA. — DEUS ESTÁ COM VOCÊ! PEÇA A ELE PARA TE AJUDAR A TER CORAGEM. COM DEUS, VOCÊ CONSEGUE!

PALAVRAS QUE DEUS DIZ SOBRE MIM. ENCONTRE AS OITO VERDADES SOBRE QUEM SOMOS PARA DEUS!

R	U	O	I	D	O	A	O	W	F	D	D
L	I	A	N	H	O	H	H	M	E	I	S
R	T	N	F	P	T	D	E	S	E	C	M
E	S	C	O	L	H	I	D	O	N	C	S
T	H	N	R	E	E	A	P	O	Y	O	D
I	O	T	T	A	D	I	R	W	T	R	H
W	S	S	E	A	M	I	E	E	O	A	S
D	C	R	D	E	L	H	C	U	E	J	D
A	E	P	E	E	D	F	I	L	H	O	L
U	X	A	C	D	N	S	O	O	H	S	U
A	L	E	G	R	I	A	S	O	H	O	Z
N	D	F	A	M	A	D	O	N	U	T	V

AMADO, FORTE, CORAJOSO, ESCOLHIDO, PRECIOSO, FILHO, LUZ, ALEGRIA.

ORAÇÃO

DEUS, ME AJUDA A SER CORAJOSO E A NÃO TER VERGONHA. AMÉM.

DIA 199

LEITURA BÍBLICA: TIAGO 1.5

EU POSSO APRENDER, SIM!

NA ESCOLA, ENZO SE SENTIA UM POUCO TRISTE. ELE PARECIA DEMORAR MAIS QUE SEUS COLEGAS PARA ENTENDER O QUE A PROFESSORA ENSINAVA. ENTÃO, FALOU COM SEUS AMIGOS:

— AMIGOS, ESTOU ACHANDO QUE EU DEMORO MAIS DO QUE VOCÊS PARA ENTENDER AS COISAS DA AULA — DISSE ENZO, OLHANDO PARA O QUADRO CHEIO DE CONTINHAS. — POR QUE VOCÊS APRENDEM RÁPIDO E EU NÃO?

JOÃO RESPONDEU LOGO:

— ENZO, CADA UM APRENDE DE UM JEITO! NÃO PRECISA TER PRESSA.

— ENZO, ÀS VEZES EU TAMBÉM ACHO DIFÍCIL! — DISSE ISABELLA. —MAS, QUANDO A LIÇÃO É COMPLICADA, EU PRESTO BASTANTE ATENÇÃO, ESTUDO UM POUCO MAIS E PEÇO A DEUS PARA ME AJUDAR. COM ELE, EU CONSIGO APRENDER, SIM!

— CADA UM APRENDE DE UM JEITO, E ISSO FAZ A GENTE SER ESPECIAL! — DISSE JOÃO.

VIU SÓ? ASSIM COMO O ENZO, VOCÊ TAMBÉM PODE APRENDER QUALQUER COISA! BASTA ACREDITAR EM SI MESMO, PEDIR AJUDA A DEUS PAI E NUNCA DESISTIR.

ORAÇÃO

QUERIDO DEUS, ME AJUDA A ESTUDAR E A LEMBRAR QUE O SENHOR ME AJUDA A APRENDER. AMÉM.

DEUS NUNCA SE ESQUECE

VITÓRIA ESTAVA NA ESCOLA, ESPERANDO A MAMÃE. MAS A ELA ESTAVA DEMORANDO MUITO PARA CHEGAR! VITÓRIA COMEÇOU A FICAR COM OS OLHINHOS CHEIOS DE LÁGRIMAS, COM MEDO DE QUE A MAMÃE TIVESSE ESQUECIDO DELA.

ISABELLA, SUA AMIGA, A VIU BEM TRISTINHA E PERGUNTOU:

— VITÓRIA, QUER QUE EU FIQUE AQUI COM VOCÊ ATÉ ELA CHEGAR?

— E SE ELA ESQUECEU DE MIM?

— CALMA, AMIGA! A SUA MÃE JÁ LIGOU PARA A PROFESSORA E AVISOU QUE ESTÁ DEMORANDO POR CAUSA DO TRÂNSITO, LEMBRA? ELA JÁ ESTÁ CHEGANDO! — RESPONDEU ISABELLA, COM UM SORRISO CALMO.

— ENTÃO ELA VAI VIR! UFA! — VITÓRIA RESPIROU FUNDO. — E DEUS? SERÁ QUE ELE PODE ESQUECER DA GENTE ALGUM DIA?

— DEUS NUNCA ESQUECE, VITÓRIA. NUNCA, MESMO — GARANTIU ISABELLA.

— MESMO QUANDO PARECE QUE TÁ TUDO DEMORANDO?

— NEM MESMO ASSIM! ÀS VEZES, DEUS SÓ ESTÁ NOS ENSINANDO A ESPERAR E CONFIAR — DISSE ISABELLA..

VITÓRIA OLHOU PARA O CÉU E SORRIU.

— TÁ BOM. ENTÃO EU VOU ESPERAR... CONFIANDO. OBRIGADA POR FICAR COMIGO, ISABELLA!

DECIFRE A MENSAGEM A SEGUIR:

TEM - DELE - PLANO - SOU - E - DEUS - PARTE - UM - EU

....

....

ORAÇÃO

DEUS, SEI QUE O SENHOR NUNCA ME ESQUECE, MESMO QUANDO TUDO DEMORA. AMÉM.

DEUS TEM UM PLANO E EU SOU PARTE DELE.

LEITURA BÍBLICA: SALMOS 18.32

DEUS ESTÁ COMIGO

ERA DIA DE EDUCAÇÃO FÍSICA NA ESCOLA, E A AULA IA SER MUITO LEGAL! A PROFESSORA HAVIA PREPARADO UMA CORRIDA COM OBSTÁCULOS. TINHA QUE PULAR, DESVIAR, PASSAR POR BAIXO... MAS VITÓRIA ESTAVA COM UM POUQUINHO DE MEDO. ELA ACHAVA QUE NÃO IA CONSEGUIR FAZER A ATIVIDADE DIREITO. ESTAVA TÃO NERVOSA QUE O AMIGO JOÃO LOGO PERCEBEU E PERGUNTOU:

— VITÓRIA, ESTÁ TUDO BEM?

VITÓRIA ABAIXOU A CABEÇA E RESPONDEU, QUASE CHORANDO:

— AH, JOÃO... ACHO QUE VOU ERRAR, E TODO MUNDO VAI VER E RIR DE MIM.

JOÃO OLHOU NOS OLHOS DELA E DISSE, BEM SÉRIO:

— NÃO TEM PROBLEMA ERRAR, VITÓRIA! O MAIS IMPORTANTE É A GENTE SE ESFORÇAR E TENTAR FAZER O NOSSO MELHOR. SE ERRAR... Ó, RESPIRA BEM FUNDO... E TENTA DE NOVO!

— MAS E SE EU ESQUECER TUDO E PARAR NO MEIO? — ELA PERGUNTOU, COM OS OLHOS CHEIOS DE ÁGUA. — NÃO VOU CONSEGUIR SE AS PESSOAS RIREM DE MIM.

— DEUS ESTÁ COM VOCÊ, VITÓRIA! ELE VAI TE AJUDAR A SEGUIR EM FRENTE, UM PASSO DE CADA VEZ! — DISSE JOÃO, COM UM SORRISO BEM LEGAL.

— E A GENTE VAI TORCER MUITO POR VOCÊ! CONFIA QUE VAI DAR CERTO!

VITÓRIA RESPIROU BEM FUNDO E CAMINHOU ATÉ A LINHA DE LARGADA, E SE LEMBROU DE QUE NÃO ESTAVA SOZINHA, PORQUE DEUS PAI ESTAVA BEM ALI, ANDANDO COM ELA! E SABE O MELHOR? ELE TAMBÉM ANDA COM A GENTE!

ORAÇÃO

QUERIDO DEUS, ME AJUDA A SER CORAJOSO PARA SEGUIR EM FRENTE, MESMO QUANDO EU SINTO UM POUQUINHO DE MEDO. AMÉM!

LEITURA BÍBLICA: MATEUS 11.28

DIA 202

DEUS ME DÁ DESCANSO

DEPOIS DE UMA MANHÃ DE PROVA, VITÓRIA SE SENTOU SOZINHA NO BANCO DO PÁTIO. ELA ESTAVA UM POUQUINHO PREOCUPADA. SUA AMIGA ISABELLA, QUE É MUITO ATENTA, PERCEBEU E FOI SENTAR DO LADINHO DELA. — O QUE FOI, AMIGA? TÁ TUDO BEM? — PERGUNTOU ISABELLA, COM CARINHO.

— AH, ISA, EU ESTOU TÃO CANSADA E PREOCUPADA! — RESPONDEU VITÓRIA. — ESTUDEI UM MONTÃO PARA A PROVA, MAS ESTAVA BEM DIFÍCIL!

ISABELLA SORRIU, COLOCOU A MÃO NO OMBRO DELA E FALOU:

— AMIGA, SE VOCÊ ESTUDOU E FEZ A SUA PARTE, AGORA É HORA DE DESCANSAR. SABE POR QUÊ? PORQUE DEUS ESTÁ SEMPRE COM A GENTE PARA NOS AJUDAR E PARA NOS DAR UM DESCANSO BEM GOSTOSO EM NOSSO CORAÇÃO.

— VOCÊ TEM RAZÃO! — RESPONDEU VITÓRIA, JÁ SE SENTINDO UM POUCO MELHOR. — EU ESTUDEI MUITO, CONSEGUI RESPONDER TODAS AS PERGUNTAS E OREI, CONVERSANDO COM DEUS, CONFIANDO NELE.

— ISSO MESMO! CONFIAR EM DEUS É O QUE MAIS IMPORTA! — FALOU ISABELLA, COM UM SORRISO DE CERTEZA.

— EU VOU PEDIR A DEUS PARA ME AJUDAR A CONFIAR MAIS! — VITÓRIA RESPIROU FUNDO, SENTINDO UMA PAZ GOSTOSA NO CORAÇÃO. — OBRIGADA, AMIGA!

VAMOS FAZER UM EXERCÍCIO DE RESPIRAÇÃO?

BORA LÁ! RESPIRE BEM FUNDO ENQUANTO FALA: "O SENHOR É O MEU PASTOR". AGORA SOLTE O AR BEM DEVAGAR E DIGA "E NADA ME FALTARÁ". ESSE EXERCÍCIO AJUDARÁ VOCÊ A RESPIRAR MELHOR, ALÉM DE FAZER COM QUE VOCÊ MEMORIZE SALMOS 23.1. REPITA NO MÍNIMO TRÊS VEZES E LEMBRE-SE DE QUE DEUS ESTÁ COM VOCÊ EM TODOS OS MOMENTOS.

ORAÇÃO

QUERIDO DEUS, QUANDO EU ESTIVER CANSADO, ME AJUDA A DESCANSAR EM TI. AMÉM!

LEITURA BÍBLICA: FILIPENSES 4:6-7

café com Deus Pai KIDS

CONVERSANDO COM JESUS

VOCÊ SABIA QUE CONVERSAR COM DEUS É COMO FALAR COM UM AMIGO MUITO ESPECIAL QUE ESTÁ SEMPRE POR PERTO? ISSO É A ORAÇÃO! ÀS VEZES, AS COISAS DO MUNDO PODEM FAZER A GENTE PENSAR QUE DEUS ESTÁ LONGE E NÃO NOS ESCUTA... MAS ISSO NÃO É VERDADE!

VALENTINA ADORAVA ORAR COM A MAMÃE. E FICAVA AINDA MAIS FELIZ QUANDO A VOVÓ SE JUNTAVA A ELAS. JUNTAS, ELAS CANTAVAM, AGRADECIAM E FAZIAM SEUS PEDIDOS. ÀS VEZES, VALENTINA VIA LÁGRIMAS BRILHANDO NOS OLHOS DA VOVÓ.

— VOVÓ, POR QUE VOCÊ CHORA ÀS VEZES QUANDO ESTAMOS ORANDO? — PERGUNTOU VALENTINA, CURIOSA.

— AH, MEU AMOR... ÀS VEZES AS LÁGRIMAS SÃO DE ALEGRIA, OU PORQUE AS PALAVRAS SOMEM. MAS DEUS PAI ENTENDE ATÉ AS NOSSAS LÁGRIMAS! QUANDO FALAMOS COM ELE, PODEMOS MOSTRAR TUDO O QUE ESTAMOS SENTINDO: PEDIR AJUDA, DIZER QUE ESTAMOS ARREPENDIDOS OU CHEIOS DE GRATIDÃO. ELE ESCUTA TUDO! — RESPONDEU A VOVÓ COM CARINHO.

A VOVÓ ESTAVA CERTÍSSIMA! DEUS PAI ADORA OUVIR A NOSSA VOZ. A BÍBLIA DIZ QUE, QUANDO A GENTE CONTA PARA ELE TUDO O QUE ESTÁ NO NOSSO CORAÇÃO, O MEDO E A PREOCUPAÇÃO VÃO EMBORA. NO LUGAR DELES, ENTRA UMA PAZ ESPECIAL QUE SÓ JESUS PODE NOS DAR.

POR ISSO, NÃO IMPORTA SE VOCÊ ESTÁ TRISTE OU FELIZ, CONVERSE COM JESUS. ELE É UM AMIGO FIEL QUE ESTÁ SEMPRE PERTO, ESPERANDO PARA TE OUVIR. BASTA CHAMAR O NOME DELE: **JESUS!**

ORAÇÃO

QUERIDO JESUS, OBRIGADO POR ESTAR SEMPRE PERTINHO DE MIM E OUVIR TUDO O QUE EU TE CONTO. EU TE AMO! AMÉM.

LEITURA BÍBLICA: SALMOS 34.18

DIA 204

DEUS ESTÁ PERTO

NO FINAL DA TARDE, QUANDO O SOL JÁ ESTAVA INDO EMBORA, GABRIEL SENTIU UMA SAUDADE GRANDONA DA MAMÃE. ELE ESTAVA NO QUARTO, OLHANDO UMAS FOTOS ANTIGAS, E A SUA CACHORRINHA ZILU LOGO VEIO E SE DEITOU NO COLO DELE PARA FAZER COMPANHIA.

— VOVÓ, ÀS VEZES EU SINTO TANTA FALTA DA MINHA MÃE QUE FICO MUITO TRISTE. — DISSE ELE, COM OS OLHINHOS CHEIOS DE LÁGRIMAS.

— EU SEI, MEU QUERIDO. — A VOVÓ RESPONDEU, ABRAÇANDO-O BEM FORTE. — MAS LEMBRE-SE DE QUE DEUS ESTÁ PERTINHO DE VOCÊ, ATÉ MESMO QUANDO SEU CORAÇÃO ESTÁ TRISTE. ELE ENTENDE DIREITINHO O QUE VOCÊ SENTE.

— MAS PARECE QUE NINGUÉM ENTENDE O QUE EU SINTO — FALOU GABRIEL, AINDA TRISTE.

— DEUS ENTENDE, SIM, MEU AMOR! — AFIRMOU A VOVÓ, CHEIA DE CARINHO. — ELE CUIDA DE VOCÊ E DO SEU CORAÇÃO. VOCÊ NUNCA, NUNCA ESTÁ SOZINHO!

GABRIEL ABRAÇOU FORTE A VOVÓ, E TAMBÉM A ZILU, E FALOU:

— OBRIGADO, VOVÓ. VOU SEMPRE ME LEMBRAR DISSO.

ORAÇÃO

SENHOR, OBRIGADO POR ESTAR PERTO DE MIM, MESMO QUANDO ESTOU TRISTE.

LEITURA BÍBLICA: 1CORÍNTIOS 10.13

DEUS AJUDA!

GABRIEL ESTAVA TENTANDO MONTAR UM QUEBRA-CABEÇA NOVO QUE TINHA GANHADO DE PRESENTE. ELE TENTAVA DE UM LADO, TENTAVA DO OUTRO, MAS AS PEÇAS NÃO SE ENCAIXAVAM DE JEITO NENHUM! AQUELA SENSAÇÃO CHATA DE NÃO CONSEGUIR DEIXOU GABRIEL MUITO, MUITO CHATEADO. JOÃO VIU ISSO E FOI FALAR COM ELE.

— GABRIEL, O QUE ACONTECEU? — PERGUNTOU JOÃO.

GABRIEL RESPONDEU, COM UMA VOZ DESANIMADA:

— EU ESTOU TENTANDO MONTAR ESSE QUEBRA-CABEÇA HÁ UM TEMPÃO, MAS NADA FUNCIONA! JÁ ESTOU COMEÇANDO A FICAR MUITO CHATEADO.

JOÃO SENTOU-SE AO LADO DELE E FALOU COM CALMA:

— AH, EU ENTENDO BEM ISSO! QUANDO AS COISAS NÃO SAEM DO NOSSO JEITINHO, DÁ UMA VONTADE DE DESISTIR, NÃO É? MAS A GENTE NÃO PRECISA FICAR SOZINHO QUANDO FICA CHATEADO! SABE POR QUÊ? DEUS NOS AJUDA NISSO TAMBÉM! SE A GENTE TIVER PACIÊNCIA E CONFIAR QUE ELE ESTÁ PERTINHO DA GENTE, ELE NOS DÁ FORÇA!

GABRIEL FICOU PENSANDO NISSO. DEPOIS, RESPIROU FUNDO.

— É! VOU TENTAR MAIS UMA VEZ E PEDIR AJUDA A DEUS!

ELE SE ACALMOU, COLOCOU AS PEÇAS COM CUIDADO. E NÃO É QUE TODAS AS PEÇAS SE ENCAIXARAM DIREITINHO?

GABRIEL COMEMOROU, PULANDO DE ALEGRIA:

— DEUS ME AJUDOU!

ORAÇÃO

QUERIDO DEUS, ME AJUDA A TER PACIÊNCIA E A CONFIAR EM TI. AMÉM.

LEITURA BÍBLICA: MATEUS 5.16

BRILHE A LUZ DE DEUS

VITÓRIA AMAVA JESUS! ELA SABIA QUE SER UMA MENINA CRISTÃ ERA SER AMIGA DE JESUS E FAZER O QUE ELE ENSINOU. UM DIA, QUANDO ESTAVA BRINCANDO NO BALANÇO, BEM ALTO, NO PARQUINHO PERTO DA CASA DELA, UMA VIZINHA CHEGOU PERTO DE REPENTE E PERGUNTOU:

— VOCÊ DIZ QUE É CRISTÃ, MAS O QUE ISSO QUER DIZER?

VITÓRIA SORRIU E RESPONDEU:

— AH, VOCÊ NÃO SABE? DEIXA EU TE CONTAR! SER CRISTÃ É PERTENCER A JESUS E QUERER SER PARECIDA COM ELE! NA BÍBLIA, JESUS NOS ENSINA A AMAR AS PESSOAS, CUIDAR, SER BONZINHO E FAZER O QUE É CERTO, IGUAL ELE FAZIA!

— AH! EU SEMPRE ACHEI VOCÊ BOAZINHA E CALMA — DISSE A VIZINHA, ADMIRADA.

— OBRIGADA! EU TENTO SER COMO JESUS, SABIA? ELE ERA MUITO BOM E AMAVA TODO MUNDO! SE VOCÊ QUISER, EU POSSO TE CONTAR ALGUMAS HISTÓRIAS BEM LEGAIS SOBRE ELE! — DISSE VITÓRIA, EMPOLGADA.

— QUERO, SIM! — RESPONDEU A VIZINHA, SORRINDO.

AGORA ELA ERA A MAIS NOVA AMIGA DA VITÓRIA!

ASSIM COMO VITÓRIA, NÓS TAMBÉM PODEMOS MOSTRAR O AMOR DE DEUS PAI PARA AS PESSOAS! PODEMOS CONTAR HISTÓRIAS DE JESUS, SER GENTIS E AMÁVEIS COM TODOS E FAZER O BEM. A NOSSA LUZ BRILHA QUANDO VIVEMOS COMO JESUS VIVEU!

ORAÇÃO

QUERIDO DEUS, QUERO SER COMO JESUS E MOSTRAR TEU AMOR. AMÉM.

LEITURA BÍBLICA: 1CORÍNTIOS 1.9

AMIZADE COM JESUS

VALENTINA ESTAVA MUITO FELIZ! SUA MÃE HAVIA A DEIXADO BRINCAR NA CASA DE ISABELLA DEPOIS DA ESCOLA. ELAS ERAM GRANDES AMIGAS E AMAVAM ESTAR JUNTAS. NAQUELA TARDE, ELAS PODIAM FAZER TUDO O QUE MAIS GOSTAVAM: BRINCAR, VER DESENHOS E, O MELHOR DE TUDO, CONVERSAR SOBRE JESUS! NA ESCOLINHA BÍBLICA, ELAS APRENDERAM COMO É LEGAL TER AMIZADE COM JESUS. ENQUANTO TOMAVAM UM SUQUINHO GOSTOSO QUE A MÃE DE ISABELLA PREPAROU, VALENTINA PERGUNTOU:

— ISABELLA, SERÁ QUE TOMAR SUCO JUNTAS E FALAR DE JESUS MOSTRA QUE SOMOS AMIGAS DELE?

ISABELLA RESPONDEU:

— SIM! NA LIÇÃO DA ESCOLA BÍBLICA, A GENTE APRENDEU QUE DEUS PAI QUER QUE A GENTE SEJA AMIGA DE JESUS E TAMBÉM DOS AMIGOS QUE AMAM ELE.

VALENTINA FICOU ANIMADA E DISSE:

— ENTÃO ESTAMOS TODOS JUNTOS COMO AMIGOS! E EU TENHO CERTEZA DE QUE DEUS PAI, JESUS E O ESPÍRITO SANTO ESTÃO AQUI COM A GENTE TAMBÉM!

ISABELLA FICOU TÃO FELIZ QUE SE LEVANTOU E COMEÇOU A DANÇAR:

— É VERDADE, AMIGA! EU AMO TANTO A NOSSA AMIZADE COM JESUS!

AS AMIGAS RIRAM MUITO, DANÇARAM E SE ALEGRARAM, PORQUE A AMIZADE COM JESUS É A MELHOR COISA DO MUNDO!

ORAÇÃO

DEUS PAI, QUERO SER TEU AMIGO E CONVERSAR COM O SENHOR TODOS OS DIAS, PARA FICARMOS BEM JUNTINHOS. AMÉM!

LEITURA BÍBLICA: GÁLATAS 3.26-28

DIA 208

SOMOS TODOS IRMÃOS

VOCÊ JÁ REPAROU COMO OS AMIGOS SÃO DIFERENTES UNS DOS OUTROS? JOÃO ADORA APRENDER COISAS NOVAS E VIVE PENSANDO EM COMO O MUNDO FUNCIONA. ENZO NÃO CONSEGUE FICAR PARADO E ESTÁ SEMPRE CHEIO DE ENERGIA! GABRIEL É MAIS CALMINHO E GOSTA DE OBSERVAR TUDO EM SILÊNCIO. VITÓRIA AMA CANTAR E VIVE COM A MÚSICA NO CORAÇÃO! ISABELLA ADORA LER E SE PERDER NAS HISTÓRIAS DOS LIVROS. E VALENTINA, QUE PARECE DELICADA, É FORTE E CORAJOSA!

— É ENGRAÇADO COMO A GENTE SE GOSTA TANTO, MESMO SENDO TÃO DIFERENTES! — DISSE JOÃO.

— É VERDADE! — RESPONDEU VITÓRIA, CANTANDO UMA MÚSICA SOBRE COMO CADA UM É ESPECIAL.

— MAS O QUE SERÁ QUE FAZ A GENTE SER TÃO AMIGO? — PERGUNTOU GABRIEL. VALENTINA, COM SUA DOÇURA, MAS TAMBÉM FORÇA, SE LEMBROU:

— A BÍBLIA DIZ QUE, QUANDO AMAMOS JESUS, NOS TORNAMOS IRMÃOS!

— IRMÃOS? — PERGUNTOU ENZO, QUE NUNCA TINHA PENSADO NISSO.

— SIM! IRMÃOS E IRMÃS! — RESPONDEU ISABELLA, QUE TINHA LIDO SOBRE ISSO EM UM LIVRO. — A BÍBLIA DIZ QUE, PARA DEUS, NÃO IMPORTA SE SOMOS MENINOS OU MENINAS, ALTOS OU BAIXOS, BRASILEIROS OU DE OUTRO PAÍS. SE A GENTE ACREDITAR EM JESUS E NO QUE ELE FEZ POR NÓS, SOMOS FILHOS DE DEUS!

JOÃO, SEMPRE ATENTO, LOGO ENTENDEU:

— ENTÃO É POR ISSO QUE A GENTE SE GOSTA TANTO! PORQUE JESUS MORA NO NOSSO CORAÇÃO E NOS UNE COMO UMA GRANDE FAMÍLIA! MESMO SENDO DIFERENTES, SOMOS TODOS IGUAIS NO AMOR DE JESUS!

ELES SE ABRAÇARAM, FELIZES POR SEREM AMIGOS E IRMÃOS EM CRISTO. MESMO COM DIFERENÇAS, O AMOR DE JESUS OS UNIA E OS TORNAVA PARTE DE UMA FAMÍLIA ESPECIAL — COM AMIGOS DIFERENTES, MAS CORAÇÕES IGUAIS.

ORAÇÃO

QUERIDO DEUS, OBRIGADO PELA MINHA FAMÍLIA COM MUITOS IRMÃOS. AMÉM.

café com Deus pai KIDS

SOU UM DISCÍPULO

VALENTINA ADORAVA IMAGINAR COMO SERIA ANDAR COM JESUS E OUVIR SUAS HISTÓRIAS! MAS ELA TINHA UMA DÚVIDA QUE NÃO SAÍA DA CABEÇA...

ELA SEMPRE ESPERAVA A VOVÓ CHEGAR PARA FAZER ESSAS PERGUNTAS. A MAMÃE TAMBÉM SABIA RESPONDER, MAS A VOVÓ CONTAVA AS HISTÓRIAS DE UM JEITO TÃO LEGAL, COM UM CHÁ QUENTINHO E BISCOITOS! QUANDO A VOVÓ CHEGAVA, VALENTINA CORRIA COM SEU CADERNINHO CHEIO DE PERGUNTAS: "VOVÓ, VOVÓ!". A VOVÓ ADORAVA ISSO!

— VOVÓ, SERÁ QUE EU POSSO SER DISCÍPULA DE JESUS? — PERGUNTOU VALENTINA.

— MAS QUE PERGUNTA É ESSA, VALENTINA? É CLARO QUE SIM! VOCÊ É UMA MENINA TÃO BOA! — RESPONDEU A VOVÓ.

— É QUE EU LI NA BÍBLIA SOBRE OS AMIGOS DE JESUS, OS DISCÍPULOS, MAS NÃO VI ESCRITO "DISCÍPULAS"! SERÁ QUE SÓ OS MENINOS PODEM SER AMIGOS DE JESUS? — PERGUNTOU VALENTINA, PREOCUPADA.

— AH, ENTENDI SUA DÚVIDA! SENTA AQUI PERTINHO. VOU TE EXPLICAR: PARA SER UM DISCÍPULO DELE, NÃO IMPORTA SE VOCÊ É MENINO OU MENINA! O QUE MAIS IMPORTA É O AMOR! JESUS DISSE QUE AS PESSOAS VÃO SABER QUE SOMOS AMIGOS DELE SE A GENTE AMAR UNS AOS OUTROS. E VOCÊ, MINHA NETINHA, TEM UM CORAÇÃO CHEIO DE AMOR! — DISSE A AVÓ, ABRAÇANDO VALENTINA.

VALENTINA FICOU MUITO FELIZ! ELA ENTENDEU QUE, PARA SER UMA DISCÍPULA DE JESUS, ERA SÓ AMAR! E ISSO ELA SABIA FAZER MUITO BEM! ELA DECIDIU QUE IA AMAR MUITO TODAS AS PESSOAS!

ORAÇÃO

QUERIDO DEUS, AJUDA-ME A AMAR TODAS AS PESSOAS PARA QUE ELAS SAIBAM QUE EU SOU TEU DISCÍPULO. AMÉM!

O QUE IMPORTA

NA BÍBLIA HÁ MUITAS HISTÓRIAS DOS MILAGRES DE JESUS. ELE CUROU PESSOAS DOENTES, FEZ MORTOS VOLTAREM A VIVER, TRANSFORMOU ÁGUA EM VINHO, MULTIPLICOU PÃES E PEIXES, CAMINHOU SOBRE AS ÁGUAS E FEZ MUITAS, MUITAS OUTRAS COISAS INCRÍVEIS! FORAM TANTOS MILAGRES QUE, SE FOSSEM ESCRITOS EM LIVROS, NÃO CABERIAM EM TODOS OS LIVROS DO MUNDO!

ENZO FICAVA MUITO IMPRESSIONADO COM ISSO. ELE PENSAVA COMO SERIA LEGAL TER VISTO TUDO AQUILO DE PERTO! SE ELE VISSE UM MILAGRE, COM CERTEZA ACREDITARIA EM JESUS! UM DIA, ENZO ESTAVA AJUDANDO A MAMÃE A PENDURAR A ROUPA NO VARAL E COMEÇOU A FALAR SOBRE ISSO. ENTÃO A MAMÃE DISSE:

— ENZO, SABIA QUE ALGUMAS PESSOAS VIRAM ESSES MILAGRES DE JESUS E MESMO ASSIM NÃO ACREDITARAM NELE? A BÍBLIA DIZ QUE ALGUNS HOMENS QUE ENSINAVAM SOBRE DEUS NÃO GOSTARAM DE JESUS E ATÉ FIZERAM COISAS RUINS COM ELE PORQUE NÃO QUERIAM ACREDITAR NA VERDADE.

— ISSO ME LEMBROU DAQUELE DIA EM QUE FALARAM QUE FUI EU QUE QUEBREI O BRINQUEDO NO PARQUE, LEMBRA, MAMÃE?

— LEMBRO, SIM, MEU FILHO. MAS, PARA MIM, O QUE IMPORTA É A VERDADE! EU SABIA QUE VOCÊ ESTAVA FALANDO A VERDADE. NEM SEMPRE AS PESSOAS VÃO ACREDITAR NA GENTE, PRINCIPALMENTE QUANDO FALAMOS SOBRE JESUS. MAS NÓS SABEMOS QUE A BÍBLIA É A VERDADE E VAMOS CONTINUAR ACREDITANDO EM DEUS, QUE JESUS VEIO AO MUNDO, MORREU, RESSUSCITOU E VAI VOLTAR PARA NOS BUSCAR! AMÉM? — DISSE A MAMÃE.

— AMÉM, MAMÃE! EU TAMBÉM FICO COM A VERDADE!

ORAÇÃO

DEUS PAI, QUERO SEMPRE ACREDITAR NA VERDADE DA TUA PALAVRA. AMÉM!

DIA 211

LEITURA BÍBLICA: LAMENTAÇÕES 3.26

ESPERAR NO SENHOR!

ERA UMA SEMANA MUITO ESPECIAL PARA ISABELLA! SEU ANIVERSÁRIO ESTAVA QUASE CHEGANDO. ELA QUERIA FAZER UMA FESTA, MAS PRECISAVA ESCOLHER ENTRE UM PIQUENIQUE COM OS AMIGOS, UMA FESTA COM BALÕES OU UM BOLINHO GOSTOSO NA IGREJA. ELA GOSTAVA DE TODAS AS IDEIAS, MAS SÓ PODIA ESCOLHER UMA! LOGO CEDO, SUA MÃE A CHAMOU PARA CONVERSAR.

— PERCEBI QUE VOCÊ ESTÁ UM POUQUINHO NERVOSA POR CAUSA DO SEU ANIVERSÁRIO. QUERO QUE VOCÊ SE LEMBRE QUE DEUS PAI NOS ENSINA NA BÍBLIA A NÃO FICARMOS PREOCUPADOS COM NADA. SEU ANIVERSÁRIO DEVE SER UM DIA DE ALEGRIA, NÃO DE TRISTEZA, NÃO É? QUE TAL CONVERSARMOS COM DEUS E ESCOLHERMOS JUNTAS? ELE SEMPRE SABE O QUE É MELHOR PARA A GENTE!

ELA CONTINUOU:

— MANTENHA SEU CORAÇÃO CALMINHO. APROVEITE PARA BRINCAR UM POUCO, LER UM LIVRO NO QUINTAL TOMANDO SOL, OU CONVERSAR COM SUAS AMIGAS. ISSO VAI TE AJUDAR A ESPERAR COM PACIÊNCIA.

ISABELLA PENSOU UM POUQUINHO E RESPONDEU:

— MAMÃE, VOCÊ ESTÁ CERTA! EU ESTAVA MESMO UM POUCO NERVOSA, MAS VOU ME ACALMAR E PEDIR PARA DEUS PAI ME AJUDAR. VOU CONFIAR QUE ELE VAI CUIDAR DE TUDO! AFINAL, NINGUÉM MELHOR QUE ELE PARA ME DAR PAZ, NÃO É? E EU SEI QUE, NÃO IMPORTA O QUE EU ESCOLHER, VAI SER DIVERTIDO, PORQUE ELE VAI ESTAR COMIGO!

ASSIM COMO ISABELLA, NÓS TAMBÉM PODEMOS CONFIAR NO CUIDADO DE DEUS PAI! PODEMOS ESPERAR QUIETINHOS, COM O CORAÇÃO TRANQUILO, PELO TEMPO E PELA VONTADE DELE, QUE SÃO SEMPRE BONS E PERFEITOS PARA NÓS.

ORAÇÃO

QUERIDO DEUS, AJUDA MEU CORAÇÃO A FICAR CALMINHO ENQUANTO EU ESPERO PELA TUA VONTADE. AMÉM.

OS ÚLTIMOS E OS PRIMEIROS

ENZO E SUA FAMÍLIA RECEBERAM UM CONVITE PARA VER UMA PEÇA NO TEATRO! ERA UMA NOITE CHIQUE! MAMÃE ESTAVA COM UM VESTIDO LONGO, O PAPAI DE TERNO, E ENZO ATÉ GANHOU UMA GRAVATA BORBOLETA AZUL.

ELES ESTAVAM TODOS PRONTOS, LINDOS E CHEIROSOS DENTRO DO CARRO. NO CAMINHO, VIRAM UM CARRO PARADO NA RUA. O SINAL ESTAVA VERDE, MAS O CARRO NÃO SAÍA DO LUGAR! O PAPAI DE ENZO ESPEROU UM POUQUINHO, BUZINOU, MAS NADA ACONTECEU! ENTÃO, O PAPAI DO ENZO SAIU DO CARRO PARA AJUDAR. LÁ DENTRO, TINHA UM VOVÔZINHO QUE NÃO SABIA O QUE FAZER PORQUE O CARRO NÃO LIGAVA! O PAPAI DO ENZO TIROU O PALETÓ E COMEÇOU A EMPURRAR O CARRO ATÉ ELE FUNCIONAR DE NOVO! UFA! QUE TRABALHEIRA!

MAS, POR CAUSA DISSO, ELES CHEGARAM ATRASADOS NO TEATRO. OS LUGARES BONS JÁ ESTAVAM OCUPADOS, E ELES TIVERAM QUE SENTAR LÁ NO FUNDÃO!

— PAPAI, SE A GENTE NÃO TIVESSE ATRASADO, A GENTE ESTARIA SENTADO LÁ NA FRENTE! — DISSE ENZO, MEIO CHATEADO.

— É VERDADE, FILHO — RESPONDEU O PAPAI, MAS A GENTE AJUDOU O VOVÔZINHO! ISSO É MUITO IMPORTANTE! ÀS VEZES, QUANDO AJUDAMOS ALGUÉM, PARECE QUE PERDEMOS ALGO. MAS, PARA DEUS, QUEM AJUDA GANHA! A BÍBLIA DIZ QUE OS ÚLTIMOS SERÃO OS PRIMEIROS! VAMOS APROVEITAR A PEÇA DAQUI MESMO! FOI UM PRESENTE AJUDAR O VOVÔZINHO E TAMBÉM UM PRESENTE ESTAR AQUI HOJE!

ENZO OUVIU O QUE O PAPAI DISSE E APRENDEU QUE AJUDAR OS OUTROS É SEMPRE A MELHOR COISA, MESMO QUANDO A GENTE PRECISA ESPERAR UM POUCO.

ORAÇÃO

QUERIDO DEUS, ME AJUDA A FAZER O QUE É CERTO, MESMO QUE EU TENHA QUE ESPERAR. AMÉM.

MEIOS DE TRANSPORTE SÃO
MUITO IMPORTANTES PARA
NOSSA VIDA, NÃO É MESMO,
AMIGUINHO? DEIXE ELES
LINDOS COM UMA PINTURA
BEM COLORIDA.

PARTE 8

DEUS PAI NUNCA
ME DEIXA SOZINHO

DIVERSÃO EM FAMÍLIA

PINTE O DESENHO DA ARMADURA DA FÉ.

ESCUDO DA FÉ

GABRIEL ESTAVA NO QUARTO, BEM QUIETINHO, LENDO SEU LIVRO DOS HERÓIS DA FÉ. DE REPENTE, O VOVÔ DELE BATEU NA PORTA: TOC, TOC, TOC.

— GABRIEL, TENHO UMA SURPRESA! — DISSE O VOVÔ.

— É PRESENTE, VOVÔ? — PERGUNTOU GABRIEL, SENTANDO RAPIDINHO NA CAMA.
— SIM! É UMA COISA QUE VOCÊ VAI USAR A VIDA TODA! VOCÊ QUER SER UM HERÓI DA FÉ, CERTO? ENTÃO, PRECISA DE UMA ARMADURA! POR ISSO, EU TROUXE ISSO AQUI... — O VOVÔ FOI ATÉ A PORTA E VOLTOU COM ALGO NAS MÃOS.

— UAU, VOVÔ! É UM ESCUDO? — GABRIEL FICOU COM OS OLHOS BRILHANDO.

— SIM! ESSE É O SEU ESCUDO. A BÍBLIA, QUE É A PALAVRA DE DEUS, NOS DIZ QUE A FÉ É COMO UM ESCUDO. É COM ELE QUE A GENTE SE PROTEGE DO QUE É RUIM! — EXPLICOU O VOVÔ.

— QUE LEGAL! AGORA EU TENHO UM ESCUDO DE HERÓI!

GABRIEL QUERIA MUITO SER UM HERÓI DA FÉ. E SABE DE UMA COISA? VOCÊ TAMBÉM PODE! É SÓ USAR O ESCUDO DA FÉ, QUE É ACREDITAR EM JESUS E FAZER O QUE ELE ENSINA! ASSIM, VOCÊ FICA FORTE E CORAJOSO COMO UM HERÓI!

ORAÇÃO

QUERIDO DEUS, ME AJUDA A CONFIAR SEMPRE EM TI E A USAR O ESCUDO DA FÉ. EU QUERO SER UM HERÓI QUE SEGUE JESUS. AMÉM.

DIA 214

LEITURA BÍBLICA: MATEUS 16.19

LIGADO

VALENTINA PEDIU PARA A MAMÃE DELA AVISAR À AMIGA ISABELLA QUE ELAS CHEGARAM BEM EM CASA. ASSIM, ISABELLA IA FICAR MAIS TRANQUILA! AS DUAS AMIGAS CONVERSARAM UM POUQUINHO NO TELEFONE, E, QUANDO A LIGAÇÃO TERMINOU, A MAMÃE DA ISABELLA PERGUNTOU:

— COMO ESTÁ SUA AMIGA?

— ELA ESTÁ ÓTIMA! SÓ DEMOROU PARA LIGAR PORQUE ELAS FORAM AO SUPERMERCADO ANTES!

— QUE BOM, FILHA! FICO TÃO FELIZ QUE A VALENTINA ESTÁ BEM E QUE VOCÊ ESTÁ MAIS CALMA. QUE TAL A GENTE AGRADECER A DEUS PAI? A GENTE NÃO FALA COM ELE SÓ QUANDO PRECISA DE AJUDA, MAS TAMBÉM QUANDO AS COISAS ESTÃO ÓTIMAS!

ISABELLA CONCORDOU NA HORA E, JUNTAS, ORARAM AGRADECENDO A DEUS PORQUE A VALENTINA ESTAVA BEM. A MAMÃE TAMBÉM DISSE, ACREDITANDO DE VERDADE:

— A VALENTINA ESTÁ CURADA!

ELA ACREDITAVA NO QUE A BÍBLIA DIZ: O QUE A GENTE LIGA (PEDE) AQUI NA TERRA, DEUS LIGA (FAZ) LÁ NO CÉU!

— MAMÃE, OBRIGADA POR ORAR COMIGO E POR ESSAS VEZES EM QUE, JUNTAS, AGRADECEMOS PELA CURA DA VALENTINA! EU ACREDITO QUE DEUS QUERIA MUITO ISSO, ENTÃO, JÁ ESTÁ LIGADO LÁ NO CÉU TAMBÉM!

QUE TAL CONVERSAR COM A MAMÃE, O PAPAI OU QUEM ESTIVER COM VOCÊ SOBRE ALGO QUE VOCÊS QUEREM PEDIR A DEUS? ESCOLHAM UMA COISA BEM LEGAL QUE TODOS CONCORDAM. E ENTÃO JUNTEM AS MÃOS E CONVERSEM COM DEUS SOBRE ISSO! ELE OUVE O QUE A GENTE PEDE AQUI NA TERRA E TAMBÉM FAZ LÁ NO CÉU!

ORAÇÃO

DEUS PAI, EU ACREDITO QUE O QUE A GENTE PEDE AQUI NA TERRA, O SENHOR FAZ LÁ NO CÉU! AMÉM.

SÓ O QUE É NOSSO!

A TRILHA NO PARQUE AINDA ERA A COISA MAIS FALADA PELAS CRIANÇAS! TODA HORA, ELAS SE LEMBRAVAM DE ALGO NOVO PARA CONTAR, E COM GABRIEL NÃO FOI DIFERENTE!

— IA FICAR TUDO ESCURO SE A GENTE NÃO TIVESSE CHEGADO NO PORTÃO A TEMPO! A SORTE É QUE OS MENINOS TINHAM LANTERNAS! — DISSE ELE!

ENTÃO, ELE PEGOU UMA LANTERNA DA MOCHILA E COMEÇOU A BRINCAR. O VOVÔ OBSERVAVA TUDO QUIETINHO, ESPERANDO GABRIEL TERMINAR DE BRINCAR PARA FAZER UMA PERGUNTA:

— GOSTEI MUITO DAS SUAS HISTÓRIAS. MAS EU TENHO UMA PERGUNTA PARA VOCÊ: ESSA LANTERNA É DE QUEM?

GABRIEL FICOU EM SILÊNCIO E ENTENDEU O QUE O VOVÔ QUERIA DIZER. ENTÃO O VOVÔ CONTINUOU:

— MEU QUERIDO, DEUS ENSINA QUE A GENTE SÓ DEVE FICAR COM O QUE É NOSSO. A GENTE PRECISA CUIDAR BEM DO QUE É DOS OUTROS, DO QUE É DE QUEM FAZ AS REGRAS E DO QUE É DE DEUS. FOI ISSO QUE JESUS QUIS DIZER QUANDO FALOU QUE DEVEMOS DAR A CÉSAR O QUE É DE CÉSAR, E A DEUS O QUE É DE DEUS.

— O SENHOR ESTÁ CERTO, VOVÔ. ESSA LANTERNA É DO ENZO, E EU VOU DEVOLVER. POSSO FAZER ISSO NO PRIMEIRO DIA DE AULA, QUE VAI SER LOGO? PROMETO QUE NÃO PEGO MAIS NADA SEM PEDIR! — DISSE.

— SIM, QUERIDO, PODE SER. E SE VOCÊ QUISER UMA LANTERNA PARA BRINCAR, PODE PEGAR A MINHA! ELA ESTÁ NA MINHA CAIXA DE FERRAMENTAS LÁ NA GARAGEM, COMBINADO?

VEJA COM SEUS PAIS SE HÁ UMA LANTERNA EM CASA. COM AS LUZES APAGADAS, VEJA COMO A LUZ É CAPAZ DE ILUMINAR O CAMINHO. É ISSO QUE JESUS FAZ CONOSCO!

ORAÇÃO

DEUS, EU QUERO SER SEU AMIGO DE VERDADE. AMÉM.

LEITURA BÍBLICA: 1REIS 19:9-13

JUNTOS O TEMPO TODO

DEPOIS QUE GABRIEL FOI MORAR COM SEUS AVÓS E CONHECEU JESUS, ELE QUERIA SABER TUDO SOBRE AS HISTÓRIAS DA BÍBLIA! FICOU FASCINADO COM A HISTÓRIA DE ELIAS, UM PROFETA — TIPO UM SUPERAMIGO DE DEUS QUE CONVERSAVA COM ELE! UAU! ELIAS OROU, E ACONTECEU ALGO INCRÍVEL: FOGO CAIU DO CÉU!

ENQUANTO LIA A HISTÓRIA DE ELIAS NA SUA BÍBLIA... VIRA PÁGINA, VIRA PÁGINA... ELE LEU QUE ELIAS, ESSE GRANDE AMIGO DE DEUS, ÀS VEZES SE SENTIA SOZINHO E TRISTE. A BÍBLIA CONTAVA QUE ELIAS ESTAVA TÃO TRISTE QUE SE ESCONDEU DENTRO DE UMA CAVERNA ESCURA! GABRIEL JÁ TINHA SE SENTIDO TRISTE ASSIM TAMBÉM.

“HUM...”, PENSOU GABRIEL. “COMO DEUS SABIA ONDE ELIAS ESTAVA? SE EU ME ESCONDER, SERÁ QUE ELE TAMBÉM ME ACHA?”

CURIOSO, GABRIEL CORREU PARA DEBAIXO DA CAMA E SUSSURROU:

— DEUS, O SENHOR CONSEGUE ME VER AQUI? DE REPENTE, ELE OUVIU A VOZ DA SUA AVÓ NO CORREDOR:

— GABRIEL? O QUE VOCÊ ESTÁ FAZENDO AÍ EMBAIXO? DEUS ESTÁ TE VENDO, VIU? ELE VÊ TUDO.

— AH, VOVÓ, AGORA EU ENTENDI!

— SE DEUS ESTAVA COM ELIAS, ELE TAMBÉM ESTÁ COMIGO! NÃO PRECISO MAIS ME ESCONDER QUANDO FICO TRISTE. EM QUALQUER LUGAR QUE EU FOR, DEUS ESTÁ SEMPRE COMIGO!

ENTÃO, GABRIEL CORREU PARA BRINCAR. ELE ESTAVA FELIZ DA VIDA, PORQUE AGORA SABIA: DEUS PAI ESTAVA SEMPRE COM ELE, JUNTO O TEMPO TODO, EM QUALQUER LUGAR!

ONDE DEUS ESTÁ COMIGO?

DESENHE OU PINTE UM LUGAR ONDE VOCÊ JÁ FICOU TRISTE, COM MEDO OU SOZINHO (COMO GABRIEL DEBAIXO DA CAMA). DEPOIS, DESENHE JESUS AO SEU LADO, SORRINDO E CUIDANDO DE VOCÊ.

ORAÇÃO

OI, DEUS! OBRIGADO POR ESTAR SEMPRE AQUI COMIGO. AMÉM.

LEITURA BÍBLICA: ESTER 2.7-17

DIA 217

SEMPRE CUIDADO

VALENTINA GIRAVA E GIRAVA EM FRENTE AO ESPELHO COM SEU VESTIDO AMARELO.

— EU SOU UMA PRINCESA LINDA! — ELA DIZIA, TODA ANIMADA.

DE REPENTE, PAROU, COLOCOU AS MÃOS NA CINTURA E DISSE BEM SÉRIA:

— NÃO, ESPERA! EU SOU UMA RAINHA FORTE E CORAJOSA, COMO A RAINHA ESTER!

VALENTINA TINHA ACABADO DE OUVIR A HISTÓRIA DE ESTER NA BÍBLIA E FICOU ENCANTADA. ESTER ERA UMA MENINA QUE NÃO TINHA PAPAI NEM MAMÃE, MAS QUE HAVIA SIDO ESCOLHIDA PARA SER UMA RAINHA!

VALENTINA LOGO IMAGINOU ESTER NO PALÁCIO, COM VESTIDOS LONGOS E BRILHANTES.

— SABE O QUE MAIS? ESTER NÃO TINHA MEDO, PORQUE SABIA QUE DEUS ESTAVA SEMPRE COM ELA. VALENTINA PAROU DE GIRAR E FEZ UMA POSE, COMO UMA RAINHA DE VERDADE.

— E SABE O QUE MAIS? ELA CONHECIA O DEUS GRANDÃO, O DEUS QUE FAZ TUDO DAR CERTO! ELE CUIDOU DELA QUANDO ELA PRECISOU E FEZ DELA UMA RAINHA DE VERDADE!

DE REPENTE, VALENTINA TEVE UMA IDEIA! ELA PEGOU UMA COROA DE PAPEL QUE TINHA FEITO NA ESCOLA E COLOCOU NA CABEÇA.

— EU TAMBÉM SOU CUIDADA PELO DEUS GRANDÃO! — EXCLAMOU. — NÃO PRECISO TER MEDO DE NADA, PORQUE ELE JÁ ESTÁ CUIDANDO DE TUDO! ELE É O GRANDE REI, E EU SOU SUA PRINCESINHA LINDA!

VALENTINA VOLTOU A RODAR, AGORA COM A COROA BRILHANTE NA CABEÇA. ELA RODAVA E RODAVA, SENTINDO UM CALORZINHO BOM NO CORAÇÃO. ERA A ALEGRIA DE SABER QUE, ASSIM COMO ESTER, ELA TAMBÉM ERA ESPECIAL E AMADA POR DEUS PAI.

ENQUANTO GIRAVA, PENSOU COM UM SORRISO: “SE DEUS PAI CUIDOU DE ESTER, ENTÃO ELE TAMBÉM ESTÁ CUIDANDO DE MIM... DE TUDINHO!”

ORAÇÃO

OBRIGADO, DEUS PAI, POR EU SER BEM CUIDADA O TEMPO TODO. AMÉM.

café com Deus Pai KIDS

ELE NÃO ESTAVA SOZINHO

VALENTINA ESTAVA PASSANDO PERTO DO BANHEIRO DA ESCOLA QUANDO, DE REPENTE, ELA OUVIU UM CHORO!
— OI... TÁ TUDO BEM AÍ? — PERGUNTOU. LÁ DENTRO, ESCONDIDA, ESTAVA UMA MENINA NOVA NA ESCOLA. VALENTINA SABIA UMA COISA MUITO IMPORTANTE: JESUS AMA A TODOS! ELA NÃO PODIA DEIXAR A NOVA AMIGUINHA SOZINHA E TRISTE.

— AMIGUINHA, QUERO QUE VOCÊ SAIBA QUE PODE CONTAR COMIGO, TÁ BOM? VOCÊ NÃO ESTÁ SOZINHA. A PROFESSORA ME CONTOU QUE SEUS PAIS MORAM EM OUTRA CIDADE, MAS SABE DE UMA COISA? DEUS ESTÁ SEMPRE PERTINHO, CUIDANDO DE VOCÊ. SABE, ISSO ME LEMBROU UMA HISTÓRIA DA BÍBLIA! TINHA UM HOMEM CHAMADO JACÓ, QUE TAMBÉM PRECISOU VIAJAR PARA UMA CIDADE BEM LONGE. ELE FOI SOZINHO, SEM SUA FAMÍLIA. ESTAVA SE SENTINDO TRISTE E COM MEDO, MAS, DURANTE A NOITE, DEUS FALOU COM ELE EM UM SONHO E MOSTROU QUE ESTAVA ALI PARA PROTEGÊ-LO E CUIDAR DELE! JACÓ FICOU TÃO FELIZ QUE DISSE: "NOSSA! ESSE LUGAR É TÃO ESPECIAL QUE PARECE A CASA DE DEUS!" E ENTÃO ELE CHAMOU AQUELE LUGAR DE BETEL, QUE QUER DIZER "CASA DE DEUS".

DEPOIS DE CONTAR ESSA HISTÓRIA, VALENTINA VIU QUE A AMIGUINHA JÁ NÃO ESTAVA MAIS CHORANDO. AÍ, ELA DISSE:

— QUANDO VOCÊ SE SENTIR MELHOR, EU VOU ESTAR AQUI PERTINHO PARA TE CONTAR O RESTO DA HISTÓRIA, TÁ BOM? É SUPERLEGAL! E SABE O QUE MAIS? ACHO QUE VAMOS SER GRANDES AMIGAS!

QUAL É O SEU LUGAR FAVORITO? PODE SER SUA CASA, A ESCOLA, O PARQUINHO OU A CASA DA VOVÓ! AGORA, DESENHE ESSE LUGAR BEM BONITO E MOSTRE JESUS PERTINHO DE VOCÊ NESSE LUGAR!

ORAÇÃO

DEUS PAI, ME AJUDA A CONTAR PARA AS PESSOAS QUE O SENHOR NUNCA NOS DEIXA SOZINHOS. AMÉM.

NÃO MAIS ÓRFÃOS

GABRIEL TINHA ACABADO DE ASSISTIR A UM FILME SOBRE UM MENINO CHAMADO BEN, QUE O FEZ PENSAR BASTANTE. TADINHO DO BEN... ELE PERDEU OS PAIS DELE NUMA GUERRA E FICOU SOZINHO. ELE FOI MORAR EM UM ORFANATO, UM LUGAR COM OUTRAS CRIANÇAS QUE TAMBÉM NÃO TINHAM PAIS. MAS, DEPOIS, UMA FAMÍLIA MUITO LEGAL ADOTOU O BEN! ELE GANHOU UM NOVO PAPAI, UMA NOVA MAMÃE E ATÉ UMA IRMÃZINHA! QUE BOM!

MAIS TARDE, O VOVÔ DE GABRIEL ENTROU NO QUARTO COM UMA CANECA DE LEITE QUENTINHO E BISCOITOS GOSTOSOS.

— QUE TAL A GENTE COMER NA VARANDA, GABRIEL? — O VOVÔ PERGUNTOU.

COMO A TARDE ESTAVA LINDA, COM O CÉU TODO COLORIDO, OS DOIS FORAM PARA A VARANDA TOMAR LEITE QUENTINHO E COMER BISCOITOS.

— VOCÊ TÁ QUIETINHO, GABRIEL — DISSE O VOVÔ. — FOI POR CAUSA DO FILME? VOCÊ FICOU TRISTE DE NOVO?

GABRIEL BALANÇOU A CABEÇA: — NÃO, VOVÔ! EU NÃO ESTOU TRISTE. SÓ PENSANDO QUE DEUS FAZ IGUAL À FAMÍLIA DO BEN. ELE ADOTA A GENTE COMO FILHOS DELE E DÁ UMA NOVA FAMÍLIA, COM MUITOS AMIGOS E IRMÃOS. ASSIM, A GENTE NUNCA FICA SOZINHO!

— ISSO MESMO. — DEUS NOS ESCOLHEU PARA SERMOS FILHOS DELE. E TODOS QUE ACREDITAM EM JESUS SÃO NOSSOS IRMÃOS E IRMÃS, COMO UMA GRANDE FAMÍLIA!

GABRIEL DISSE:

— ENTÃO EU TENHO MUITOS, MUITOS IRMÃOS E IRMÃS ESPALHADOS PELO MUNDO INTEIRO, NÉ?

— TEM SIM — RESPONDEU O VOVÔ — SOMOS PARTE DE UMA FAMÍLIA MUITO, MUITO GRANDE!

DESENHE UM CORAÇÃO BEM GRANDÃO. AGORA, PINTE VÁRIAS CARINHAS FELIZES DENTRO DO CORAÇÃO — CADA UMA REPRESENTA UM IRMÃO OU IRMÃ DA SUA FAMÍLIA EM JESUS!

DEPOIS, COM A AJUDA DE UM ADULTO, ESCREVA ESTA FRASE: "DEUS É MEU PAI E EU FAÇO PARTE DA SUA GRANDE FAMÍLIA!" VOCÊ TEM AMIGUINHOS QUE TAMBÉM AMAM JESUS? ELES SÃO SEUS IRMÃOS NA FÉ!

ORAÇÃO

OBRIGADO, DEUS, POR ME FAZER SEU FILHO. AMÉM.

EM QUALQUER LUGAR

ASSIM QUE ACORDOU, GABRIEL CHAMOU SUA CACHORRINHA:

— ZILU! CADÊ VOCÊ? — MAS ELA NÃO APARECEU. ONDE SERÁ QUE HAVIA SE METIDO?

ELE SE LEVANTOU, ANDOU PELA CASA TODA, MAS NADA DA ZILU. PROCUROU EMBAIXO DA CAMA, ATRÁS DO SOFÁ, ATÉ NO QUINTAL! PERGUNTOU AOS AVÓS, MAS ELES TAMBÉM NÃO TINHAM VISTO. SERÁ QUE ELA TINHA FUGIDO? O CORAÇÃO DE GABRIEL DISPAROU, E ELE CHOROU. "CADÊ A MINHA ZILU?", PENSOU. ENTÃO PEDIU AJUDA A DEUS:

— OI, DEUS, O SENHOR SABE ONDE A ZILU ESTÁ? MESMO ESCONDIDA, O SENHOR VÊ TUDO! MOSTRA PARA MIM ONDE ELA ESTÁ OU TRAZ ELA DE VOLTA, POR FAVOR!

ELE OROU ASSIM PORQUE SE LEMBRAVA DA HISTÓRIA DE PEDRO, QUE TINHA LIDO NA BÍBLIA. PEDRO ESTAVA PRESO, COM CORRENTES NOS PÉS, E NÃO PODIA SAIR. MAS OS AMIGOS DELE ORARAM, E DEUS, QUE SABIA ONDE PEDRO ESTAVA, MANDOU UM ANJO SOLTÁ-LO. E SABE O QUE ACONTECEU? PEDRO SAIU DA PRISÃO E VOLTOU PARA CASA!

DE REPENTE, GABRIEL OUVIU UNS BARULHINHOS. OLHOU PARA OS LADOS, MAS NÃO VIU NINGUÉM. TEVE UMA IDEIA: E SE A ZILU ESTIVESSE NO GUARDA-ROUPA? FOI ATÉ LÁ, ABRIU A PORTA... E LÁ ESTAVA ELA, ESCONDIDINHA! ELA FICOU PRESA QUANDO A VOVÓ GUARDOU AS TOALHAS E NÃO VIU QUE A ZILU ENTROU. APROVEITOU QUE A PORTA FICOU ENTREABERTA E CORREU PARA DENTRO, ACHANDO AS TOALHAS BEM FOFINHAS.GABRIEL FICOU FELIZ E ENTENDEU QUE DEUS O AJUDOU. COM O CORAÇÃO GRATO, AGRADECEU AO SENHOR COM UM SORRISO.

ORAÇÃO

QUERIDO DEUS, O SENHOR SABE DE TUDO E SEMPRE PODE ME AJUDAR. OBRIGADO. AMÉM.

LEITURA BÍBLICA: JUÍZES 6.11-16

DIA 221

ESCONDIDO?

UM DIA, GABRIEL RESOLVEU SUBIR NA ÁRVORE DO QUINTAL. ELE ESCALOU OS GALHOS RAPIDINHO E FICOU LÁ EM CIMA, BEM QUIETO, SÓ OLHANDO AS FOLHAS BALANÇANDO COM O VENTO.

DE REPENTE, ELE OLHOU PARA BAIXO... E QUEM ESTAVA SUBINDO TAMBÉM? O VOVÔ!

— UÉ! COMO VOCÊ SABIA QUE EU ESTAVA AQUI? — PERGUNTOU GABRIEL.

— O VOVÔ NÃO SABE TUDO, MAS DEUS SABE! ÀS VEZES, A GENTE FICA TRISTE OU CHATEADO E QUER SE ESCONDER, NÃO É? MAS NUNCA SE ESQUEÇA: DEUS ESTÁ SEMPRE PERTINHO DE VOCÊ, CHAMANDO-O PARA SER FORTE E CORAJOSO!

O VOVÔ CONTINUOU:

— LÁ NA BÍBLIA, TEM A HISTÓRIA DE UM HOMEM CHAMADO GIDEÃO. ELE VIVIA NUM TEMPO DIFÍCIL... TODA VEZ QUE O POVO PLANTAVA COMIDA, OS INIMIGOS VINHAM E LEVAVAM TUDO EMBORA! UM DIA GIDEÃO FICOU TRISTE, PEGOU UM POUQUINHO DE TRIGO QUE TINHA SOBRADO E FOI TRABALHAR ESCONDIDO, NUM LUGAR BEM DIFERENTE, ONDE AS PESSOAS FAZIAM SUCO DE UVA. NINGUÉM IA IMAGINAR QUE ELE ESTAVA LÁ! MAS SABE QUEM SABIA? DEUS! E FOI LÁ ENCONTRAR GIDEÃO. E SABE O QUE DEUS DISSE? QUE GIDEÃO ERA MUITO CORAJOSO E QUE TINHA UMA MISSÃO IMPORTANTE PARA ELE!

— UAU! ELE VIROU UM GUERREIRO? — PERGUNTOU GABRIEL, CURIOSO.

— VIROU SIM! — RESPONDEU O VOVÔ. — MAS, ANTES DISSO, ELE ESTAVA COM MEDO E SE ESCONDENDO... ELE SÓ SE TORNOU UM GUERREIRO DE VERDADE DEPOIS QUE DEUS O ENCONTROU! PORQUE É ISSO QUE FAZ DIFERENÇA DE VERDADE: UM ENCONTRO COM DEUS!

ENQUANTO DESCIAM DA ÁRVORE COM CUIDADO, GABRIEL FICOU PENSANDO: "UM ENCONTRO... ENTÃO É DISSO QUE EU PRECISO?".

ORAÇÃO

QUERIDO DEUS, OBRIGADO POR ME ENCONTRAR E ME ENCHER DE CORAGEM. AMÉM.

LEITURA BÍBLICA: MATEUS 25.35-36

DEUS PAI NUNCA ME DEIXA SOZINHO

— EBA! CHEGOU O SÁBADO! — GABRIEL PULAVA DE ALEGRIA. A VOVÓ E O VOVÔ TINHAM PROMETIDO UM DIA SUPERESPECIAL!

— JÁ CALÇOU OS TÊNIS, GABRIEL? — PERGUNTOU A VOVÓ.

— SIM, VOVÓ! ESTOU PRONTINHO! MAS... AONDE A GENTE VAI?

— É SURPRESA! — A VOVÓ FEZ UM MISTÉRIO. — VOU PEGAR O BOLO E JÁ VAMOS! ELA EXPLICOU QUE ELES IAM VISITAR UM LUGAR ONDE MORAVAM PESSOAS QUE VIERAM DE MUITO LONGE, CHAMADAS REFUGIADAS. ELAS PRECISAVAM DE AJUDA E CARINHO. NO CAMINHO, A VOVÓ CONTOU UMA COISA MUITO IMPORTANTE: QUANDO A GENTE AJUDA ALGUÉM, É COMO SE ESTIVÉSSEMOS AJUDANDO O PRÓPRIO JESUS! NÃO É LEGAL?CHEGANDO LÁ, GABRIEL VIU MUITAS FAMÍLIAS. DE REPENTE, A VOVÓ ABRAÇOU UMA MAMÃE QUE ESTAVA SOZINHA COM SEUS QUATRO FILHOS. A VOVÓ DEU O BOLO PARA ELES COMEREM. AS CRIANÇAS VIERAM CORRENDO PARA PEGAR UM PEDAÇO, MENOS O MENORZINHO, QUE ESTAVA LÁ NO CANTINHO.

GABRIEL FOI ATÉ ELE E DISSE:

— VEM COMER BOLO!

— EU ESTOU COM MEDO... — O MENININHO RESPONDEU. — EU NÃO SEI ONDE ESTÁ MEU PAPAI.

GABRIEL SE ABAIXOU E FALOU BEM BAIXINHO: — OLHA, O SEU PAPAI ESTÁ BEM, TÁ? NÃO PRECISA TER MEDO! SABE, EU TAMBÉM JÁ SENTI MEDO. MAS EU APRENDI QUE DEUS, O NOSSO PAI DO CÉU, NUNCA NOS DEIXA SOZINHOS! ELE ESTÁ CUIDANDO DO SEU PAPAI E ESTÁ AQUI COM VOCÊ, COM SEUS IRMÃOS E COM SUA MAMÃE. TÁ BOM? AGORA, VAMOS COMER O BOLO DA VOVÓ? É O BOLO MAIS GOSTOSO DO MUNDO! EU PROMETO!

O GAROTINHO SORRIU, UM POUCO TÍMIDO, E DEVAGARINHO FOI SE JUNTANDO AOS OUTROS PARA COMER O BOLO.

ORAÇÃO

QUERIDO DEUS, OBRIGADO POR NUNCA ME DEIXAR SOZINHO. AMÉM.

LEITURA BÍBLICA: MATEUS 5.14-16

BRILHANDO COMO LUZINHAS

ERA UMA NOITE BEM ESCURINHA, E VITÓRIA ESTAVA EM CASA COM A VOVÓ QUANDO... PUF! A LUZ ACABOU! VITÓRIA FICOU COM UM POUQUINHO DE MEDO, MAS A VOVÓ FALOU:

— CALMA, VITÓRIA! QUE TAL A GENTE PROCURAR AS VELAS?

— EU SEI ONDE ESTÃO, VOVÓ, MAS ESTÁ TUDO TÃO ESCURO QUE NÃO CONSIGO ENXERGAR NADA! — DISSE VITÓRIA, QUASE CHORANDO.

— EU TE AJUDO! ME FALA ONDE ESTÃO E EU VOU TE GUIANDO. PORQUE TENHO ALGO BEM LEGAL PARA TE ENSINAR, MAS PRECISO DA LUZ DAS VELAS PARA ISSO — RESPONDEU A VOVÓ.

VITÓRIA SEGUROU NA MÃO DA VOVÓ, E JUNTAS FORAM ATÉ A GAVETA DA COZINHA. ACHARAM AS VELAS E A VOVÓ AS ACENDEU.

— AGORA, SIM! ESTÁ VENDO A LUZ, VITÓRIA?

— SIM, VOVÓ! AGORA CONSIGO VER TUDO! — RESPONDEU VITÓRIA, SORRINDO.

ENTÃO A VOVÓ PERGUNTOU:

— O QUE VOCÊ ACHA DE ESCONDER ESSA LUZ EMBAIXO DA CAMA?

— AH, NÃO, VOVÓ, EMBAIXO DA CAMA ELA NÃO VAI ILUMINAR NADA! — EXCLAMOU VITÓRIA, PENSANDO.

— E ONDE VOCÊ ACHA QUE DEVEMOS COLOCAR A VELA? — PERGUNTOU A VOVÓ.

— AH, VOVÓ! A VELA TEM QUE FICAR EM UM LUGAR ALTO, ASSIM ELA ILUMINA A CASA TODINHA! —AFIRMOU VITÓRIA, TODA CONTENTE.

— ISSO MESMO! VOCÊ ACERTOU! SABE, VITÓRIA, JESUS DISSE QUE NÓS TAMBÉM SOMOS LUZINHAS! ESSA É A RESPOSTA CERTA! — DISSE A VOVÓ, BEM FELIZ.

A VOVÓ EXPLICOU QUE CADA UM DE NÓS É COMO UMA LUZINHA QUE JESUS ACENDEU. E A GENTE NÃO PODE ESCONDER ESSA LUZ! TEMOS QUE BRILHAR PARA TODOS VEREM O AMOR DE JESUS! ELE NOS COLOCA NOS LUGARES CERTOS PARA QUE A NOSSA LUZ BRILHE FORTE E ALEGRE O MUNDO!

ORAÇÃO

QUERIDO DEUS, EU QUERO BRILHAR MUITO PARA TI. AMÉM.

LEITURA BÍBLICA: MARCOS 5.36

ESCOLHENDO AS BOAS NOTÍCIAS

NA CASA DO ENZO, DE REPENTE, TAMBÉM FICOU TUDO ESCURO! A LUZ TINHA IDO EMBORA! ACONTECEU NO BAIRRO TODINHO!

— AI, QUE ESCURIDÃO... SERÁ QUE EU LEVANTO? ESTOU COMEÇANDO A FICAR COM MEDO — DISSE ENZO, BEM BAIXINHO.

MAS, AÍ, ELE TEVE UMA IDEIA! PEGOU SUA LANTERNINHA... E TAMBÉM SUA BÍBLIA. QUANDO ABRIU A BÍBLIA, OLHA SÓ! CAIU BEM NA PARTE QUE FALAVA DE UM MILAGRE DE JESUS! ERA UMA HISTÓRIA DE UM PAPAI QUE ESTAVA MUITO, MUITO TRISTE, PORQUE SUA FILHINHA ESTAVA DOENTE.

O PAPAI MORAVA UM POUQUINHO LONGE, ENTÃO JESUS FOI ANDANDO ATÉ LÁ. NO CAMINHO, VÁRIAS PESSOAS FORAM FALAR COM JESUS. FOI AÍ QUE DERAM UMA NOTÍCIA BEM RUIM: "NÃO ADIANTA MAIS, JESUS. A MENINA NÃO ESTÁ MAIS VIVA".

QUE NOTÍCIA TRISTE! MAS JESUS OLHOU PARA O PAI E DISSE: "NÃO ESCUTE ESSA NOTÍCIA! CONFIE EM MIM! ACREDITE!". E O PAI ACREDITOU! ELE CONTINUOU COM JESUS ATÉ A SUA CASA. E SABE O QUE ACONTECEU? QUANDO CHEGARAM LÁ, JESUS PEGOU NA MÃOZINHA DA MENINA E DISSE PARA ELA SE LEVANTAR! E DEU CERTO! ELA FICOU BOA E ATÉ COMEU! SEUS PAIS FICARAM FELIZES!

NESSA HORA, O PAI DO ENZO ENTROU NO QUARTO:

— FILHO, TÁ TUDO BEM? A LUZ ACABOU, MAS VAI VOLTAR LOGO!

ENZO PODIA ESCOLHER: FICAR COM MEDO NO ESCURO OU LEMBRAR DA HISTÓRIA DA BÍBLIA! ELE PENSOU: "O PAPAI DA MENINA ACREDITOU EM JESUS!". ENTÃO, ENZO RESPIROU FUNDO E DISSE PARA O SEU PAI:

— ESTÁ TUDO BEM, PAPAI! EU SEI QUE A LUZ VAI VOLTAR LOGO. EU ACREDITO QUE TUDO VAI FICAR BEM!

ORAÇÃO

QUERIDO DEUS, OBRIGADO POR GARANTIR QUE, NO FINAL, TUDO ACABA BEM. AMÉM

LEITURA BÍBLICA: ISAÍAS 41.10

ELE SEGURA A MINHA MÃO

À NOITE, TUDO FICA ESCURO, MAS NÃO PRECISAMOS TER MEDO! O MESMO DEUS QUE FAZ O SONINHO CHEGAR RAPIDINHO TAMBÉM MANDA OS ANJOS CUIDAREM DE NÓS. VALENTINA SE LEMBROU DISSO NUMA NOITE EM QUE ACORDOU NO MEIO DA MADRUGADA COM MUITA VONTADE DE FAZER XIXI.

ELA ABRIU OS OLHINHOS E PENSOU:

— AI, ESTOU TÃO APERTADA! NÃO QUERO FAZER XIXI NA CAMA! MAS O BANHEIRO ESTÁ TÃO LONGE... E ESTÁ TUDO ESCURO! COMO VOU SOZINHA ATÉ LÁ?

VALENTINA TENTOU DORMIR DE NOVO, MAS A VONTADE ERA TÃO GRANDE QUE O SONO SUMIU! ENTÃO ELA SE SENTOU NA CAMA E DISSE BAIXINHO:

— EU NÃO PRECISO TER MEDO! A BÍBLIA DIZ QUE DEUS SEGURA A MINHA MÃO, ENTÃO ELE VAI COMIGO! VOU PEDIR A AJUDA DELE, E ELE VAI ME LEVAR ATÉ O BANHEIRO E DEPOIS ME TRAZER DE VOLTA PARA MINHA CAMINHA QUENTINHA. ENTÃO, VALENTINA FEZ UMA ORAÇÃO BEM RAPIDINHA, RESPIROU FUNDO, CRIOU CORAGEM... E FOI! NADA DE RUIM ACONTECEU! MESMO ESTANDO UM POUQUINHO ESCURO, ELA SABIA QUE DEUS ESTAVA ALI COM ELA, SEGURANDO SUA MÃOZINHA E NÃO DEIXANDO NADA DE MAL ACONTECER.

NO DIA SEGUINTE, NA ESCOLA, TODA FELIZ, ELA CONTOU PARA AS AMIGAS:

— GENTE, ONTEM À NOITE, DEUS SEGUROU A MINHA MÃO! EU FUI AO BANHEIRO SOZINHA E NÃO FIQUEI COM MEDO!

— UAU! QUE DEUS CUIDADOSO A GENTE TEM! — DISSERAM AS AMIGAS, FELIZES COM ELA.

ORAÇÃO

DEUS PAI, OBRIGADO POR SEGURAR A MINHA MÃO E ME PROTEGER. AMÉM!

DIA 226

LEITURA BÍBLICA: JONAS 2.1-2

ELE ESTÁ COMIGO EM TODOS OS LUGARES

VITÓRIA LEU A HISTÓRIA DE JONAS NA BÍBLIA E FICOU PENSANDO MUITO NELA! À NOITE, SONHOU QUE ESTAVA NO MEIO DO MAR... E UM PEIXE GRANDÃO VEIO E ENGOLIU ELA! QUE MEDO! ELA ACORDOU DE MADRUGADA, ASSUSTADA E COM MEDO, COM VONTADE DE CHORAR. MAS AÍ COMEÇOU A LEMBRAR DO QUE TINHA LIDO NA HISTÓRIA DA BÍBLIA: JONAS FOI ENGOLIDO POR UM PEIXE ENORME... E, MESMO LÁ DENTRO, ELE OROU. VITÓRIA PENSOU: “SE JONAS PODIA FALAR COM DEUS LÁ DENTRO DA BARRIGA DO PEIXE E FICOU TUDO BEM, EU TAMBÉM POSSO FALAR COM DEUS AQUI NA MINHA CAMINHA, E TUDO VAI FICAR BEM TAMBÉM! SE DEUS ESCUTOU JONAS NO FUNDO DO MAR, ELE TAMBÉM PODE ME ESCUTAR AQUI NO MEU QUARTO”.

ENTÃO, VITÓRIA FECHOU OS OLHINHOS E DISSE:

— QUERIDO DEUS, EU NÃO QUERO TER MEDO. O SENHOR ESCUTOU JONAS LÁ DENTRO DO PEIXE E CUIDOU DELE. POR FAVOR, PODE DEIXAR MEU CORAÇÃO CALMINHO TAMBÉM E ME AJUDA A DORMIR DE NOVO? VITÓRIA NEM PERCEBEU, MAS, LOGO DEPOIS DE ORAR, ELA DORMIU DE NOVO E SENTIU UM CALORZINHO GOSTOSO NO ROSTO. PENSOU QUE AINDA ESTAVA SONHANDO. “SERÁ QUE O PEIXE ME DEIXOU NA PRAIA?”. MAS DESSA VEZ ERA DE VERDADE! ELA ACORDOU COM O SOL QUENTINHO NO ROSTO E UM SORRISO BEM GRANDE! ELA SABIA QUE DEUS ESTAVA CUIDANDO DELA, ASSIM COMO CUIDOU DE JONAS.

ORAÇÃO

QUERIDO DEUS, OBRIGADO POR ESTAR COMIGO EM TODOS OS LUGARES. AMÉM.

ELE SEGURA A MINHA MÃO

OS PRIMOS DO ENZO VIERAM DE LONGE PARA PASSAR O FINAL DE SEMANA COM A FAMÍLIA! ERA O ANIVERSÁRIO DA VOVÓ, E A CASA ESTAVA CHEIA DE GENTE! OS PRIMOS GOSTAVAM MUITO DE ANDAR DE *SKATE* E QUERIAM ENSINAR ENZO A ANDAR TAMBÉM.

ENZO TOPOU NA HORA! MAS ELE MAL CONSEGUIA FICAR EM PÉ NO *SKATE*! ENZO SE EMPOLGOU DEMAIS E COMEÇOU A ANDAR MUITO RÁPIDO. DE REPENTE, TROPEÇOU E CAIU NO CHÃO!

QUANDO TENTOU SE APOIAR COM A MÃO, ENZO SENTIU UMA DOR FORTE NO BRAÇO E GRITOU POR AJUDA. SEU PAI CORREU ATÉ ELE E DECIDIU LEVÁ-LO AO HOSPITAL. E SABE O QUE ACONTECEU LÁ? O REMÉDIO PARA A DOR ERA UMA INJEÇÃO!

— AI, NÃO! EU TENHO MUITO MEDO DE INJEÇÃO! SOCORRO! EU NÃO QUERO! ALGUÉM ME TIRA DAQUI! — GRITOU ENZO, APAVORADO AO VER A AGULHA.

O PAI DELE O ABRAÇOU FORTE E DISSE COM CALMA:

— CALMA, MEU FILHO. VAMOS FALAR COM DEUS. A BÍBLIA DIZ QUE DEUS PAI ESTÁ BEM PERTINHO DE QUEM CHAMA POR ELE. SE A GENTE PEDIR AJUDA, VOCÊ VAI VER COMO VOCÊ VAI FICAR MAIS CALMO E TUDO VAI PASSAR RAPIDINHO!

ENTÃO O PAPAI FECHOU OS OLHOS E OROU COM ENZO. A ENFERMEIRA SORRIU E DISSE: — VAI SER SÓ UMA PICADINHA DE FORMIGA! E FOI MESMO! A INJEÇÃO FOI BEM RAPIDINHA, O REMÉDIO LOGO FEZ EFEITO, E O DOUTOR CUIDOU DIREITINHO DO BRACINHO DELE. DEPOIS DAQUELE DIA, ENZO NUNCA MAIS SE ESQUECEU: ERA SÓ CHAMAR POR DEUS PAI, QUE ELE VINHA NA HORA! O BRACINHO DELE FOI ENFAIXADO, E ELES VOLTARAM RAPIDINHO PARA A FESTA DA VOVÓ! QUE LEGAL! AINDA DEU TEMPO DE CANTAR PARABÉNS!

VOCÊ TEM MEDO DE ALGUMA COISA? CONVERSE COM DEUS PAI. PEÇA QUE ELE TORNE VOCÊ CADA DIA MAIS CORAJOSO.

ORAÇÃO

QUERIDO DEUS, OBRIGADO POR SEGURAR A MINHA MÃO. AMÉM.

DIA 228

LEITURA BÍBLICA: 1JOÃO 5.4-5

VENCENDO O MUNDO

ERA SEGUNDA-FEIRA, E ENZO QUERIA COMEÇAR A SEMANA COM MUITA ALEGRIA! ELE PULOU DA CAMA E FEZ UMA ORAÇÃO BEM BONITA PARA AGRADECER A DEUS PAI POR MAIS UM DIA. DEPOIS, TEVE UMA IDEIA INCRÍVEL!

— Ô, MÃE! ONDE ESTÁ A MINHA ROUPA DE...? — ELE PAROU DE FALAR, QUERENDO FAZER UMA SURPRESA.

A MÃE ENTROU NO QUARTO E VIU ENZO PROCURANDO ALGUMA COISA NO ARMÁRIO.

— VOCÊ QUER O QUÊ, MEU FILHO? — VOCÊ QUER O QUÊ, MEU FILHO?

DE REPENTE, ENZO APARECEU VESTIDO DE SUPER-HERÓI, COM CAPA E TUDO!

— JÁ ENCONTREI, MAMÃE! AGORA ESTOU PRONTO! — DISSE ELE, TODO ANIMADO.

— MAS, ENZO, POR QUE VOCÊ ESTÁ VESTIDO ASSIM? — PERGUNTOU A MÃE, SORRINDO.

— MAMÃE, EU TENHO UM SUPERPODER, SABIA?

— AH, É?! E QUAL É ESSE SUPERPODER? — QUESTIONOU A MÃE, AINDA MAIS CURIOSA.

— A MINHA FÉ! É A FORÇA QUE JESUS ME DÁ PARA ENFRENTAR QUALQUER COISA! EU LI NA BÍBLIA, NO LIVRO DE 1JOÃO, QUE JESUS ME AJUDA A VENCER O MUNDO! POR ISSO, EU SOU UM SUPER-HERÓI!

ENZO LOGO CORREU PARA PEGAR A SUA BÍBLIA. AFINAL, UM SUPER-HERÓI PRECISA ESTAR BEM FORTE COM A PALAVRA DE DEUS PARA ENFRENTAR QUALQUER INIMIGO!

ORAÇÃO

QUERIDO DEUS, OBRIGADO PORQUE PELA FÉ EM JESUS EU POSSO VENCER O MUNDO. AMÉM.

LEITURA BÍBLICA: PROVÉRBIOS 3.5

DIA 229

AS MELHORES IDEIAS

GABRIEL E JOÃO ESTAVAM NA MESMA TURMA DA ESCOLA. A PROFESSORA DELES DEU UM TRABALHO MUITO DIVERTIDO SOBRE ÁRVORES. ELES TINHAM QUE FAZER UM TRABALHO BEM CRIATIVO E DIFERENTE.

ENTÃO, ELES TIVERAM UMA IDEIA: FAZER UMA ÁRVORE QUE BRILHASSE QUANDO CRESCESSE!

JOÃO PENSOU QUE O PROJETO SERIA DIFÍCIL DE FAZER, ENTÃO, DECIDIU ORAR E PEDIR A AJUDA A DEUS PAI. E FOI QUANDO TEVE UMA IDEIA INCRÍVEL! ELE PENSOU EM FAZER UMA ÁRVORE COM ISOPOR E COLOCAR LUZINHAS PARA MOSTRAR OS FRUTOS DA ÁRVORE. AS LUZINHAS VERMELHAS FICARIAM POR TRÁS DA ÁRVORE, DEIXANDO-A AINDA MAIS BONITA! QUE IDEIA MARAVILHOSA!

MAS GABRIEL ACHOU QUE PODIA MELHORAR A IDEIA DO JOÃO. ELE PENSOU, PENSOU... E TEVE A IDEIA DIFERENTE DE MUDAR ALGUMAS LUZINHAS DE LUGAR, ACHANDO QUE ASSIM FICARIA MELHOR...

E FOI AÍ QUE DEU TUDO ERRADO! JOÃO TINHA IDO BEBER ÁGUA E, QUANDO VOLTOU, A ÁRVORE NÃO ESTAVA BRILHANDO COMO ANTES!

— GABRIEL, O QUE ACONTECEU? POR QUE A ÁRVORE NÃO ESTÁ BRILHANDO?

GABRIEL RESPONDEU:

— EU SÓ TENTEI MUDAR UM POUCO, MAS NÃO DEU CERTO...

FOI ENTÃO QUE O PAI DE JOÃO CHEGOU COM UMA CAIXINHA CHEIA DE LUZINHAS NOVAS. ELE VIU OS DOIS TRISTES E DISSE, COM CARINHO:

— ÀS VEZES, QUANDO CONFIAMOS SÓ NAS NOSSAS PRÓPRIAS IDEIAS, AS COISAS NÃO SAEM BEM. MAS, QUANDO CONFIAMOS NAS IDEIAS DE DEUS, TUDO DÁ CERTO!

OS MENINOS SORRIRAM ALIVIADOS:

— OBRIGADO, DEUS! O SENHOR SEMPRE NOS AJUDA!

ORAÇÃO

QUERIDO DEUS, OBRIGADO PELAS SUAS IDEIAS. ELAS SÃO AS MELHORES! AMÉM.

LEITURA BÍBLICA: SALMOS 119.105

café com Deus pai KIDS

LÂMPADA QUE ME ILUMINA

NA ESCOLA, PARA COMEMORAR O DIA DAS CRIANÇAS, FIZERAM UMA FESTA DO PIJAMA! OS AMIGOS IAM DORMIR NA ESCOLA COM OS COLEGAS E OS PROFESSORES. IA SER UMA NOITE CHEIA DE AVENTURAS! NA TURMA DE GABRIEL, TODOS JÁ ESTAVAM DEITADOS COM SEUS COLCHÕES E COBERTAS, QUANDO A PROFESSORA FOI ATÉ A SALA AO LADO PARA VER SE HAVIA MAIS ALGUMA ATIVIDADE. FOI AÍ QUE GABRIEL TEVE UMA IDEIA:

— APAGUEM A LÂMPADA! — PEDIU ELE, TODO ANIMADO.

— MAS A PROFESSORA NÃO ESTÁ AQUI E VAI FICAR ESCURO! — DISSE UMA DAS COLEGAS.

— NÃO VAI, NÃO. EU TROUXE UMA LUZ COMIGO! — GABRIEL RESPONDEU, FAZENDO MISTÉRIO E PEGANDO SUA MOCHILA.

TODOS PENSARAM QUE ELE IA TIRAR UMA LANTERNA. ENTÃO, ALGUÉM APAGOU A LUZ.

DE REPENTE, A PROFESSORA VOLTOU E PERGUNTOU:

— MAS O QUE VOCÊS ESTÃO FAZENDO NO ESCURO?

E LÁ ESTAVA GABRIEL COM A BÍBLIA NAS MÃOS! ELE LOGO RESPONDEU:

— PROFESSORA, EU LI QUE A PALAVRA DE DEUS É COMO UMA LÂMPADA. POR ISSO, EU QUERIA MOSTRAR ISSO PARA OS MEUS AMIGOS!

TODOS DERAM RISADA, E A PROFESSORA EXPLICOU QUE, MESMO COM A SALA AINDA ESCURA, A BÍBLIA É, SIM, A LUZ QUE PRECISAMOS PARA MOSTRAR O MELHOR CAMINHO. DEPOIS DISSO, TODOS DORMIRAM ANIMADOS, ESPERANDO PELAS BRINCADEIRAS DO DIA SEGUINTE.

ORAÇÃO

QUERIDO DEUS, OBRIGADO POR ILUMINAR OS MEUS PASSOS. AMÉM.

A IMPORTÂNCIA DOS AMIGOS

A CHUVA ESTAVA CAINDO BEM FORTE LÁ FORA, E VITÓRIA ESTAVA ESCONDIDA DEBAIXO DA COBERTA, COM MEDO.

— CHUVA FRAQUINHA É LEGAL, MAS COM ESSES TROVÕES E TUDO ESCURO, EU FICO COM MEDO! — SUSSURROU ELA.

LOGO A MAMÃE ENTROU NO QUARTO:

— OI, FILHINHA! EU ESTAVA TE PROCURANDO... E VOCÊ AÍ, TODA ESCONDIDA!

— MAMÃE, ESTOU COM MEDO... — RESPONDEU VITÓRIA, COM OS OLHOS ARREGALADOS.

A MÃE SE SENTOU AO LADO DELA E FALOU COM CARINHO:

— A CHUVA ESTÁ FORTE MESMO, E OS TROVÕES ESTÃO FAZENDO UM BARULHÃO LÁ NO CÉU... MAS ESTAMOS SEGURAS AQUI EM CASA. VOCÊ LEMBRA QUE AQUELE QUE ACALMA O VENTO E O MAR TAMBÉM ESTÁ AQUI COM A GENTE?! VOCÊ SABE QUEM É?

— JESUS... — DISSE VITÓRIA BAIXINHO. — EU TINHA ESQUECIDO.

— POIS É! JESUS ESTÁ COM A GENTE O TEMPO TODO. A GENTE NÃO PRECISA TER MEDO. ELE CUIDA DE NÓS E, SE QUISER, PODE FAZER ESSA CHUVA TODA PARAR AGORA MESMO! AGORA, QUE TAL A GENTE IR PARA A SALA, COMER PIPOCA JUNTINHAS E ASSISTIR UM DESENHO? JÁ DEIXEI TUDO PRONTINHO! — SUGERIU A MAMÃE.

— PIPOCA? OBA! VAMOS, SIM, MAMÃE! MEU MEDO JÁ PASSOU!

VITÓRIA SAIU DEBAIXO DA COBERTA, TODA FELIZ. E AOS POUQUINHOS, SEM QUE ELA PERCEBESSE, A CHUVA FOI FICANDO MAIS FRAQUINHA ... ATÉ QUE PAROU.

ORAÇÃO

QUERIDO DEUS, OBRIGADO POR CUIDAR DE MIM MESMO NO MEIO DA TEMPESTADE. AMÉM.

DIA 232

LEITURA BÍBLICA: 1SAMUEL 3.3-10

JESUS SABE O MEU NOME

ERA HORA DE DORMIR. JOÃO COLOCOU SEU PIJAMA QUENTINHO, AJEITOU AS COBERTAS MACIAS E, ANTES DE SE DEITAR, AJOELHOU PERTINHO DA CAMA PARA FALAR COM DEUS PAI.

NAQUELA NOITE, JOÃO ESTAVA PENSANDO NA HISTÓRIA DE SAMUEL. ELE TINHA LIDO NA BÍBLIA QUE, QUANDO SAMUEL AINDA ERA CRIANÇA E ESTAVA DORMINDO, DEUS O CHAMOU PELO NOME!

“SAMUEL! SAMUEL!”.

JOÃO FICOU IMAGINANDO:

— UAU! QUE INCRÍVEL! SERÁ QUE ISSO TAMBÉM PODE ACONTECER COMIGO? SERÁ QUE DEUS SABE MEU NOME?

ENTÃO, JOÃO FECHOU OS OLHOS E COMEÇOU A ORAR:

— DEUS, O SENHOR SABE O MEU NOME? EU SOU O JOÃO. SE O SENHOR QUISER ME CHAMAR DE NOITE, PODE ME ACORDAR. EU QUERO RESPONDER IGUAL SAMUEL: “FALA, DEUS, QUE EU ESTOU OUVINDO”. AMÉM! NO DIA SEGUINTE, JOÃO ACORDOU ANIMADO E CORREU PARA CONTAR TUDO PARA A MAMÃE.

— MAMÃE, EU OREI PARA DEUS! PERGUNTEI SE ELE SABE O MEU NOME!

MAMÃE SORRIU E DISSE COM CARINHO:

— JOÃO, MEU QUERIDO, DEUS SABE, SIM, O SEU NOME! ELE CONHECE VOCÊ, ASSIM COMO CONHECIA SAMUEL. ELE SABE O MEU NOME, O NOME DO SEU PAI, DOS SEUS AMIGOS... ELE CONHECE TODAS AS PESSOAS DO MUNDO! E, SE VOCÊ QUISER OUVIR A VOZ DELE, É SÓ CONTINUAR ORANDO, SEMPRE.

JOÃO FICOU MUITO, MUITO FELIZ! ELE DESCOBRIU QUE DEUS PAI O CONHECE E SABE O NOME DELE! FICOU TÃO CONTENTE QUE FOI CORRENDO CONTAR ESSA NOVIDADE PARA TODOS SEUS AMIGOS DA ESCOLA. ELE QUERIA QUE TODOS SOUBESSEM QUE DEUS PAI OS AMA E CONHECE CADA UM PELO NOME!

ORAÇÃO

QUERIDO DEUS, ESTOU FELIZ EM SABER QUE O SENHOR SABE O MEU NOME. AMÉM.

QUE TAL FAZERMOS UM CARTAZ BEM LINDO COM O NOSSO NOME E APRESENTARMOS A JESUS? VOCÊ PODE FAZER ESSA ATIVIDADE COM ALGUM AMIGO TAMBÉM, O QUE ACHA?

MEDO? NUNCA MAIS!

NA ESCOLA, JOÃO, ENZO E GABRIEL ESTAVAM CONVERSANDO SOBRE AS HISTÓRIAS DA BÍBLIA. JOÃO ESTAVA ANIMADO COM A HISTÓRIA DE SAMUEL, AQUELE MENINO QUE DEUS CHAMOU PELO NOME! ENZO FALAVA SOBRE DAVI, QUE VENCEU O GIGANTE GOLIAS. E GABRIEL ESTAVA EMPOLGADO COM DANIEL, PORQUE A CORAGEM DE DANIEL O AJUDAVA A SER MAIS CORAJOSO!

GABRIEL CONTOU PARA OS AMIGOS:

— EU TINHA MUITO MEDO ANTES. ÀS VEZES, ME SENTIA SOZINHO, MESMO COM MEUS AVÓS CUIDANDO DE MIM COM CARINHO. MEU CORAÇÃO FICAVA TRISTE...

— MAS DANIEL TINHA TRÊS AMIGOS! E VOCÊ TEM A GENTE, GABRIEL! SOMOS SEUS AMIGOS DE VERDADE! — DISSE JOÃO, TENTANDO ANIMÁ-LO. GABRIEL SORRIU E CONTINUOU:

— EU SEI, JOÃO! VOCÊS SÃO OS MELHORES AMIGOS DO MUNDO! MAS, ASSIM COMO ACONTECEU COM DANIEL, TEM MOMENTOS EM QUE A GENTE SE SENTE SOZINHO. LEMBRAM DE QUANDO ELE FOI JOGADO NA COVA DOS LEÕES? ELE ESTAVA LÁ, SOZINHO! PARECIA QUE NÃO TINHA NINGUÉM PARA AJUDAR... MAS, NA VERDADE, DEUS MANDOU SEUS ANJOS PARA PROTEGER DANIEL! OS LEÕES NÃO MACHUCARAM ELE! — GABRIEL SORRIU. — ESSA HISTÓRIA ME ENSINOU QUE, MESMO QUANDO PARECE QUE ESTOU SOZINHO OU QUANDO ESTOU COM MEDO, DEUS ESTÁ SEMPRE COMIGO! ELE ME PROTEGE E CUIDA DE MIM!

ENZO ABRAÇOU GABRIEL E DISSE:

— ISSO MESMO, AMIGO! VOCÊ TEM DEUS E PODE SEMPRE CONTAR COM A GENTE!

JOÃO SE JUNTOU AO ABRAÇO, E OS TRÊS AMIGOS FICARAM BEM JUNTINHOS. ELES SABIAM QUE, COM DEUS NO CORAÇÃO E AMIGOS POR PERTO, NÃO PRECISAVAM TER MEDO DE NADA!

ORAÇÃO

QUERIDO DEUS, OBRIGADO POR TER TIRADO O MEDO DO MEU CORAÇÃO E NUNCA ME DEIXAR SÓ. AMÉM.

DEUS PAI É QUEM MULTIPLICA

NA HORA DO LANCHE, TODAS AS CRIANÇAS CORRERAM PARA O REFEITÓRIO OU PARA VER QUEM CHEGAVA PRIMEIRO NA FILA DA CANTINA.

ENZO CORREU TAMBÉM, MAS, NO MEIO DO CAMINHO, LEMBROU:

— OH, NÃO! ESQUECI MINHA LANCHEIRA NA SALA!

ELE DEU MEIA-VOLTA RAPIDINHO E VOLTOU PARA BUSCÁ-LA. QUANDO ENTROU NA SALA, VIU UMA COLEGUINHA AINDA SENTADA NA CARTEIRA, COM A CABEÇA ABAIXADA.

— VOCÊ NÃO VAI LANCHAR? — PERGUNTOU ENZO, PREOCUPADO.

— NÃO... HOJE NÃO VOU COMER NADA — RESPONDEU A AMIGUINHA, COM A VOZ BAIXINHA.

— UÉ, POR QUÊ? O LANCHE É IMPORTANTE! ELE DEIXA A GENTE FORTE E COM ENERGIA PARA BRINCAR! VOCÊ NÃO PODE FICAR SEM COMER! — DISSE ENZO. — É QUE EU ESQUECI MINHA LANCHEIRA EM CASA... MINHA MÃE NÃO PODE TRAZER, E EU TAMBÉM NÃO TENHO DINHEIRO PARA COMPRAR NA CANTINA... ENTÃO, VOU TER QUE FICAR COM A BARRIGUINHA VAZIA — EXPLICOU A AMIGUINHA.

ENZO TEVE UMA IDEIA!

— AH, AGORA ENTENDI! NÃO VOU DEIXAR VOCÊ SEM LANCHE! VAMOS DIVIDIR O MEU! LEMBRA QUE JESUS FEZ CINCO PÃES E DOIS PEIXINHOS VIRAREM COMIDA PARA UM MONTÃO DE GENTE? EU TENHO CINCO SALGADINHOS E DUAS BANANINHAS. VEM! — DISSE ENZO.

CHEGANDO LÁ, ELES FICARAM SURPRESOS! A ESCOLA ESTAVA FAZENDO UMA FESTA, E TINHA CACHORRO-QUENTE PARA TODOS!

OS DOIS SE OLHARAM E SORRIRAM. ENZO SUSSURROU:

— VIU SÓ? DEUS FAZ ATÉ O POUQUINHO VIRAR MUITO! ELE CUIDOU DE NÓS!

ORAÇÃO

DEUS, OBRIGADO PORQUE O SENHOR FAZ ATÉ O POUQUINHO VIRAR MUITO. AMÉM!

LEITURA BÍBLICA: ROMANOS 8.31

DEUS PAI É COMIGO

VITÓRIA ESTAVA ANDANDO PELOS CORREDORES DA ESCOLA DE MÚSICA QUANDO ENCONTROU UMA AMIGA! ELAS ESTUDAVAM JUNTAS, MAS AGORA ESTAVAM EM TURMAS DIFERENTES. A AMIGA NÃO CONSEGUIU PASSAR DE ANO E PRECISARIA REPETIR.

VITÓRIA SE LEMBROU DE COMO ERA DIVERTIDO QUANDO FAZIAM AS AULAS JUNTAS.

A AMIGA PERGUNTOU:

— OI, VITÓRIA! TUDO BEM? VOCÊ ESTÁ ENSAIANDO PARA O RECITAL DA ESCOLA?

— OI! ESTOU BEM! QUE SAUDADE! JÁ TERMINEI AS AULAS DESSE ANO, AGORA SÓ FALTA O RECITAL! E VOCÊ? — RESPONDEU VITÓRIA.

A AMIGA FEZ UMA CARINHA TRISTE:

— EU NÃO VOU PARTICIPAR DO RECITAL. FIQUEI NA MESMA TURMA DE NOVO... TALVEZ NO ANO QUE VEM.

VITÓRIA LEMBROU DE ALGO MUITO IMPORTANTE QUE APRENDEU NA BÍBLIA. ELA SABIA QUE PODIA AJUDAR A AMIGA!

— POXA... MAS POR QUÊ? ESTÁ COM MEDO? É NORMAL FICAR COM UM POUQUINHO DE MEDO. SABE O QUE ME AJUDA? A BÍBLIA DIZ QUE SE DEUS É POR NÓS, NINGUÉM SERÁ CONTRA NÓS! ISSO QUER DIZER QUE DEUS ESTÁ COM A GENTE SEMPRE, NINGUÉM PODE NOS ATRAPALHAR! ENTÃO, SE VOCÊ RESPIRAR FUNDO, JOGAR ESSE MEDO BEM LONGE E ENSAIAR BASTANTE, AINDA DÁ TEMPO DE BRILHAR NO RECITAL.

— VOCÊ ACHA QUE EU AINDA CONSIGO PARTICIPAR? — PERGUNTOU A AMIGA, COM OS OLHOS CHEIOS DE ESPERANÇA.

VITÓRIA SORRIU E ABRAÇOU A AMIGA.

— EU TENHO CERTEZA QUE SIM! DEUS PAI ESTÁ SEMPRE COM VOCÊ! QUE TAL A GENTE ENSAIAR AGORA MESMO? EU TE AJUDO!

COM A AJUDA DA SUA BÍBLIA, COMPLETE O VERSÍCULO: "SE DEUS É POR NÓS..." (ROMANOS 8:31B).

....

ORAÇÃO

QUERIDO DEUS, OBRIGADO, POR SEMPRE ME AJUDAR. AMÉM.

DIA 236

LEITURA BÍBLICA: ATOS 7.54-60

CONTANDO A VERDADE COM CORAGEM!

JOÃO ESTAVA ANIMADO! ELE VIA MUITAS CRIANÇAS COM FANTASIAS ENGRAÇADAS, MAS SABIA QUE DEVERIA LEMBRAR AS PESSOAS QUE VIVERAM PARA CONTAR A VERDADE SOBRE DEUS.

HÁ MUITO TEMPO, DEPOIS DA ÉPOCA DA BÍBLIA, HAVIA UM HOMEM DE CORAGEM CHAMADO MARTINHO LUTERO, QUE AMAVA LER A BÍBLIA. ELE DESCOBRIU QUE DEUS NÃO ESTAVA BRAVO COM AS PESSOAS, MAS ELE É UM PAI AMOROSO.

AS PESSOAS DIZIAM QUE A SALVAÇÃO PRECISAVA SER COMPRADA, MAS LUTERO EXPLICOU QUE ERA UM PRESENTE DE DEUS PAI, DADO DE GRAÇA, POR CAUSA DO AMOR DE JESUS. ELE FICOU TÃO FELIZ QUE QUIS CONTAR PARA TODO MUNDO! MAS ALGUMAS PESSOAS NÃO GOSTARAM.

A BÍBLIA FALA DE OUTRO HOMEM CORAJOSO, ESTÊVÃO. ELE CONTOU PARA AS PESSOAS QUE DEUS PAI É AMOROSO. E, ASSIM COMO LUTERO, ALGUMAS PESSOAS FICARAM MUITO BRAVAS. ESTÊVÃO FOI MACHUCADO POR ISSO, MAS ELE NÃO TEVE MEDO! ELE CONTINUOU FALANDO A VERDADE SOBRE DEUS E VIU O CÉU SE ABRIR TODINHO PARA ELE! ELE FOI O PRIMEIRO A MORRER POR CONTAR A VERDADE SOBRE DEUS.

— MUITAS PESSOAS, JOVENS E IDOSOS, CRIANÇAS E ADULTOS, FORAM CORAJOSAS COMO ESTÊVÃO E MARTINHO LUTERO E CONTARAM PARA O MUNDO QUE DEUS PAI É AMOR. HOJE É UM DIA PARA LEMBRARMOS DESSAS PESSOAS CORAJOSAS! EU TAMBÉM QUERO SER FORTE E CORAJOSO COMO ESTÊVÃO, QUE FALOU A VERDADE DA BÍBLIA, E SEGUIR O EXEMPLO DE MARTINHO LUTERO, QUE DEFENDEU A PALAVRA DE DEUS! — DISSE JOÃO, LEVANTANDO SUA BÍBLIA COM ALEGRIA.

ORAÇÃO

DEUS PAI, OBRIGADO POR ME DAR CORAGEM PARA FALAR DO TEU AMOR! ME AJUDA A CONTAR PARA TODOS COMO O SENHOR É BOM E AMOROSO. AMÉM.

DEUS CONHECE TODOS OS CAMINHOS

ERA UM DIA MUITO ESPECIAL PARA JOÃO: ELE IA DAR SUA PRIMEIRA AULA NA ESCOLA BÍBLICA! TINHA ESTUDADO BASTANTE, MAS, ANTES DE COMEÇAR, PAROU, OROU E PEDIU AJUDA A DEUS. QUANDO TERMINOU, SENTIU-SE CONFIANTE E DISSE:

— ABRAM SUAS BÍBLIAS NO LIVRO DE ÊXODO, PORQUE HOJE VOU CONTAR A HISTÓRIA DE UM BEBÊ MUITO ESPECIAL: MOISÉS!

JOÃO CONTOU QUE, QUANDO MOISÉS NASCEU, SUA MÃE TEVE QUE ESCONDÊ-LO PARA PROTEGÊ-LO. ENTÃO, COM MUITO CARINHO, ELA ARRUMOU UM CESTO BEM FIRME E O COLOCOU DENTRO. DEPOIS DEIXOU O CESTO BOIANDO NO GRANDE RIO. A IRMÃ DE MOISÉS, MIRIAM, FICOU DE LONGE, VIGIANDO O CESTO. — O NOME MOISÉS QUER DIZER "TIRADO DAS ÁGUAS"! E SABEM O QUE ACONTECEU? NO FINAL, ELE VOLTOU PARA OS BRAÇOS DA PRÓPRIA MAMÃE! — DISSE JOÃO. — DEUS CONHECE TODOS OS CAMINHOS! MESMO QUANDO TUDO PARECE DIFÍCIL, SE CONFIARMOS NELE, O FIM PODE SER O COMEÇO DE ALGO MUITO BOM! — CONTINUOU JOÃO, ANIMADO.

NO FIM DA AULA, O PROFESSOR AGRADECEU E PERGUNTOU COMO JOÃO CONSEGUIU FALAR TÃO BEM. ELE SORRIU E RESPONDEU:

— EU NÃO CONSEGUI SOZINHO! FOI DEUS PAI QUE ME DEU SABEDORIA E CORAGEM PARA ENSINAR!

E AÍ, TODO O NERVOSISMO SUMIU! JOÃO DESCOBRIU QUE ENSINAR SOBRE A BÍBLIA ERA UMA DAS COISAS QUE ELE MAIS GOSTAVA DE FAZER! DEUS MUDOU O CAMINHO DELE DE UM JEITO INCRÍVEL: NO LUGAR DO MEDO, ELE SÓ PENSAVA EM QUANDO PODERIA FAZER ISSO DE NOVO!

ORAÇÃO

QUERIDO DEUS, EU CONFIO QUE O SENHOR CONHECE TODOS OS CAMINHOS. AMÉM.

CONTINUAR E JAMAIS DESISTIR

NA SALA DE AULA, ENZO ERA O AJUDANTE ESPECIAL! ELE AJUDAVA A PROFESSORA A ORGANIZAR OS TRABALHOS. ELE SABIA QUEM TINHA ENTREGADO E QUEM AINDA NÃO TINHA. TODOS OS AMIGOS CONFIAVAM NELE!

UM DIA, ENZO CHEGOU EM CASA CORRENDO E FOI DIRETO PARA O QUARTO. ENTÃO, A MAMÃE FOI CONVERSAR COM O ENZO.

— MAMÃE, ACHO QUE VOU TER QUE DESISTIR DE SER AJUDANTE. NÃO ESTOU CONSEGUINDO FAZER TUDO DIREITINHO, E É MELHOR QUE OUTRO AMIGO FAÇA O MEU TRABALHO! — DISSE ENZO, TODO NERVOSO.

— CALMA, MEU AMOR! VOCÊ ESTÁ FAZENDO UM ÓTIMO TRABALHO! NÃO PRECISA SE SENTIR ASSIM. A BÍBLIA NOS ENSINA A NÃO DESISTIR FÁCIL, MESMO QUANDO É DIFÍCIL, E A CONVERSAR COM DEUS QUANDO ESTAMOS COM MEDO OU PREOCUPADOS. QUE TAL VOCÊ ORAR UM POUQUINHO ANTES DE TOMAR QUALQUER DECISÃO?

ENZO ESTAVA COM MEDO E ACHAVA QUE OS SEUS COLEGAS FAZIAM MELHOR DO QUE ELE. MAS, QUANDO ELE SEGUIU O CONSELHO DA MAMÃE E OROU, DEUS PAI O ACALMOU. ELE PERCEBEU QUE NÃO HAVIA RAZÃO PARA DESISTIR. ERA SÓ ORGANIZAR OS PAPÉIS COM CUIDADO E ENTREGÁ-LOS PARA A PROFESSORA NO OUTRO DIA. NÃO ERA TÃO DIFÍCIL ASSIM!

— VOCÊ TINHA RAZÃO, MAMÃE — AFIRMOU ENZO, SAINDO DO QUARTO COM UM SORRISO. — EU CONVERSEI COM DEUS PAI E ELE ME AJUDOU A ORGANIZAR TUDO! AGORA, DECIDI QUE VOU CONTINUAR SENDO O SUPERAJUDANTE!

— ISSO MESMO, MEU FILHO! A GENTE TEM QUE CONTINUAR TENTANDO E JAMAIS... — DISSE A MAMÃE, ESPERANDO QUE ELE COMPLETASSE A FRASE.

— DESISTIR! — RESPONDEU, ANIMADO!

ORAÇÃO

QUERIDO DEUS, COM A TUA AJUDA EU VOU SEGUIR EM FRENTE E NÃO VOU DESISTIR. AMÉM.

AMIGOS DE VERDADE

OS MENINOS ESTAVAM VOLTANDO PARA CASA DEPOIS DE JOGAR FUTEBOL. ELES ESTAVAM UM POUCO CANSADOS, MAS MUITO FELIZES! AGORA ELES TINHAM UMA BOLA NOVA E, SEMPRE QUE TINHAM UM TEMPINHO LIVRE, IAM PARA A PRAÇA BRINCAR JUNTOS.

ENQUANTO CAMINHAVAM, JOÃO DISSE PARA SEUS AMIGOS ENZO E GABRIEL:

— EU SOU MUITO GRATO A DEUS POR TER AMIGOS TÃO BONS COMO VOCÊS! FICO MUITO FELIZ DE TER VOCÊS COMIGO.

— A GENTE VAI SER AMIGO DESDE CRIANÇA ATÉ FICAR ADULTO! — DISSE ENZO, ABRAÇANDO OS DOIS. — A GENTE VAI SER AMIGO DESDE CRIANÇA ATÉ FICAR ADULTO! — DISSE ENZO, ABRAÇANDO OS DOIS.

— ISSO MESMO! A GENTE PODE SER AMIGO ATÉ QUANDO TIVERMOS NOSSOS FILHOS! IMAGINA QUE LEGAL SE OS NOSSOS FILHOS TAMBÉM FOSSEM AMIGOS UNS DOS OUTROS! IA SER MUITO LEGAL! IMAGINA SEU FILHO ME CHAMANDO DE TIO, ENZO? — BRINCOU GABRIEL, FAZENDO TODOS CAÍREM NA RISADA.

ENTÃO, JOÃO LEMBROU DE UMA HISTÓRIA LINDA DA BÍBLIA:— VOCÊS LEMBRAM DA AMIZADE DE DAVI E JONATAS? ELES ERAM MUITO AMIGOS! JONATAS SEMPRE AJUDAVA DAVI E PREFERIU SER LEAL AO AMIGO DO QUE VIRAR REI!

GABRIEL CONCORDOU:

— É MESMO! EU LEMBRO DESSA HISTÓRIA. DAVI GOSTAVA MUITO DE JONATAS, ELES ERAM AMIGOS DE VERDADE! A GENTE TAMBÉM PODE SER AMIGOS ASSIM — DISSE GABRIEL, COM UM SORRISO.

E OS AMIGOS CONTINUARAM CAMINHANDO ABRAÇADOS, MUITO FELIZES POR TEREM UM AO OUTRO.

COMPLETE OS ESPAÇOS COM O NOME DE TRÊS AMIGOS ESPECIAIS E ORE POR ELES.

....

....

....

ORAÇÃO

QUERIDO DEUS, OBRIGADO PELOS MEUS AMIGOS. AMÉM.

DIA 240

LEITURA BÍBLICA: 2SAMUEL 9.1

AMIZADE QUE NÃO ACABA!

JOÃO E GABRIEL CAMINHAVAM QUANDO, DE REPENTE, GABRIEL LEMBROU DE UMA COISA:

— ESPERA! O REI DAVI NÃO ERA AMIGO DO JONATAS? E O JONATAS TINHA UM FILHO... QUAL ERA O NOME DELE? UM NOME MEIO DIFÍCIL DE FALAR...

— QUASE ISSO, AMIGO! O FILHO DE JONATAS SE CHAMAVA MEFIBOSETE. DEPOIS QUE O PAI DELE MORREU, ELE FICOU SOZINHO, NUMA CIDADE BEM LONGE. MAS O REI DAVI NÃO ESQUECEU DO AMIGO JONATAS! ELE DISSE: "PRECISO ACHAR ALGUÉM DA FAMÍLIA DO JONATAS PARA CUIDAR!". ENTÃO PROCURARAM, PROCURARAM, ATÉ QUE ACHARAM MEFIBOSETE! — EXPLICOU JOÃO.

— UAU, ISSO QUE É UMA AMIZADE DE VERDADE!

— SIM! O REI DAVI JÁ ERA BEM GRANDÃO! ELE MANDOU BUSCAR MEFIBOSETE PARA MORAR COM ELE NO CASTELO. FOI UMA SURPRESA MUITO BOA PARA O GAROTO, UM PRESENTE DE DEUS. DAVI QUERIA MOSTRAR QUE ELE NUNCA ESQUECEU DO AMIGO JONATAS! — EXPLICOU JOÃO.

— QUANDO VOCÊ TIVER UM FILHO, ELE VAI PODER COMER NA MINHA CASA. EU DIVIDO ATÉ O BOLO DA VOVÓ COM ELE! — DISSE GABRIEL, RINDO.

— E EU VOU DEIXAR SEU FILHO DAR UMA VOLTA NA MINHA CAMINHONETE QUANDO EU CRESCER E TIVER UMA BEM GRANDONA, PRETA! VRUM, VRUM! — RESPONDEU JOÃO, DANDO UNS TAPINHAS NAS COSTAS DO GABRIEL.

OS AMIGOS RIRAM E BRINCARAM MUITO, PENSANDO EM COMO SERIA QUANDO CRESCESSEM! ELES NÃO SABIAM O QUE IA ACONTECER AMANHÃ, MAS UMA COISA SABIAM: ELES IAM SE AMAR, SER AMIGOS PARA SEMPRE E CUIDAR UM DO OUTRO!

ORAÇÃO

QUERIDO DEUS, QUE EU SEJA UM BOM AMIGO PARA OS MEUS AMIGOS. AMÉM.

café com Deus pai KIDS

O AMOR E AS BOAS OBRAS

DESDE PEQUENA, VALENTINA APRENDEU COM SEUS PAIS A AMAR E A AJUDAR AS PESSOAS. ELES ENSINARAM QUE A GENTE PRECISA SE IMPORTAR COM OS OUTROS E FAZER COISAS BOAS. POR ISSO, QUANDO VALENTINA VIA ALGUÉM FAZENDO ALGO ERRADO, ELA EXPLICAVA COM CARINHO O QUE ERA CERTO. E, QUANDO VIA ALGUÉM FAZENDO ALGO BOM, ELA SEMPRE DIZIA: "QUE LEGAL! PARABÉNS!".

UM DIA, NA AULA DE PORTUGUÊS, VALENTINA QUIS FAZER UMA COISA LEGAL, MAS UMA AMIGA NÃO ENTENDEU. É QUE VALENTINA TINHA FALTADO ALGUNS DIAS NA ESCOLA PARA IR AO MÉDICO E PERDEU A LIÇÃO. ENTÃO, A AMIGA EMPRESTOU O CADERNO DELA PARA A VALENTINA COPIAR E FICAR EM DIA COM A MATÉRIA RAPIDINHO.

DEPOIS DE ALGUNS DIAS, A PROFESSORA PEDIU PARA TODOS ESCREVEREM UMA POESIA. VALENTINA FEZ UMA POESIA FALANDO COMO É BOM AJUDAR OS OUTROS E AGRADECENDO À AMIGA QUE TINHA LHE AJUDADO.

— VOCÊ FALOU MEU NOME, FIQUEI COM VERGONHA! — DISSE A AMIGA.

— NÃO PRECISA TER VERGONHA, AMIGA! O QUE VOCÊ FEZ FOI MUITO LEGAL E A GENTE PRECISA CONTAR QUANDO ALGUÉM FAZ ALGO BOM! — DISSE A VALENTINA, SORRINDO.

ORAÇÃO

QUERIDO DEUS, AJUDA-ME A AMAR SEMPRE E A FAZER COISAS BOAS PARA TODOS. AMÉM!

LEITURA BÍBLICA: GÁLATAS 6.2

CARREGANDO O PESO!

A VOVÓ DO GABRIEL ADORAVA COZINHAR E, TODA QUARTA-FEIRA, IA À FEIRA PERTO DA PRACINHA. SEMPRE DIZIA QUE A COMIDA MAIS GOSTOSA ERA FEITA COM ALIMENTOS FRESQUINHOS: FRUTAS, VERDURAS E LEGUMES. GABRIEL NÃO GOSTAVA MUITO DE VERDURAS, MAS, INDO À FEIRA COM A VOVÓ, COMEÇOU A PROVAR E GOSTAR MAIS, PORQUE OS FEIRANTES OFERECIAM PEDACINHOS DE TUDO! ELE TAMBÉM AJUDAVA A VOVÓ SEGURANDO AS SACOLAS.

UM DIA, A VIZINHA PEDIU COMPRAS, E AS SACOLAS FICARAM MUITO PESADAS. A VOVÓ QUIS DIVIDIR, MAS GABRIEL RESPONDEU:

— NÃO, VOVÓ, EU AJUDO! APRENDI QUE DEVEMOS CARREGAR OS PESOS UNS DOS OUTROS. ASSIM, ELE ENTENDEU QUE ESTAVA APRENDENDO A FAZER BOAS ESCOLHAS: SE ALIMENTAR MELHOR E AJUDAR, COMO DEUS QUER.

ORAÇÃO

QUERIDO DEUS, ME AJUDA A SER FORTE PARA APOIAR MEUS AMIGOS E MINHA FAMÍLIA. AMÉM.

LEITURA BÍBLICA: 1CORÍNTIOS 12.6

DIA 243

DEUS PAI EM TUDO!

QUE DIA ESPECIAL! OS AMIGOS ESTAVAM NA ÚLTIMA SEMANA DE AULA! EBA! IA TER UMA FEIRA NA ESCOLA! ELES ESTAVAM ESPERANDO MUITO POR ESSE DIA! ERA HORA DE MOSTRAR O QUE ACHARAM MAIS LEGAL EM TODO O ANO!

AS MENINAS AMAVAM HISTÓRIA! ELAS FIZERAM UMA MAQUETE: O MUNDO EM MINIATURA! ELAS MOSTRARAM PAÍSES, PESSOAS E COISAS DIFERENTES QUE AS PESSOAS FAZEM EM CADA LUGAR... QUE LEGAL CONHECER O MUNDO!

OS MENINOS GOSTAVAM DE PLANTAS! ELES TAMBÉM FIZERAM UMA MAQUETE: UM JARDIM EM MINIATURA! ELES MOSTRARAM A TERRA E AS PLANTAS QUE CRESCEM NELA. QUE LINDO!

NENHUM TRABALHO ERA MELHOR QUE O OUTRO! OS DOIS ERAM LINDOS E FEITOS COM MUITO CARINHO. AS MENINAS MOSTRARAM OS POVOS DE CADA LUGAR DO MUNDO, E OS MENINOS MOSTRARAM AS PLANTAS DE CADA TIPO DE TERRA. CADA UM FEZ DO SEU JEITO! SABIA QUE DEUS AMA VER COISAS DIFERENTES? ELE ACHA TUDO LINDO! É COMO O ESPÍRITO SANTO, QUE AJUDA CADA UM DE NÓS DE UM JEITO ESPECIAL. ELE ESTÁ SEMPRE PERTINHO! DEUS ESTÁ EM TUDO O QUE VEMOS E FAZEMOS! QUE INCRÍVEL!

ORAÇÃO

QUERIDO DEUS, OBRIGADO POR NOS DAR COISAS BOAS E JEITOS DIFERENTES DE FAZER TUDO! AMÉM.

AS PESSOAS MAIS VELHAS NORMALMENTE SÃO MUITO SÁBIAS, NÃO É VERDADE? PINTE OS AMIGOS CONVERSANDO.

PARTE 9

POSSO CONFIAR NA BONDADE DE JESUS

DIVERSÃO EM FAMÍLIA

PINTE O DESENHO DE ISABELLA ORANDO EM SEU QUARTO.

café com Deus pai KIDS

QUANDO A TRISTEZA CHEGA!

O FIM DE SEMANA COMEÇOU! ISABELLA ESTAVA MUITO FELIZ PORQUE ELA IA ENCONTRAR VALENTINA NA PRACINHA E BRINCAR DE BONECA NO MEIO DAS FLORES! ISABELLA ESPEROU UM POUQUINHO... ESPEROU MAIS UM POUCO... SERÁ QUE VALENTINA NÃO IA VIR? MAS, FINALMENTE, VALENTINA CHEGOU!

SÓ QUE VALENTINA ESTAVA COM UMA CARINHA TRISTE! ISABELLA PERGUNTOU:

— VOCÊ DEMOROU! ACONTECEU ALGUMA COISA?

VALENTINA RESPONDEU, COM A CABEÇA BAIXA:

— EU FIQUEI SABENDO QUE NÃO ME CHAMARAM PARA O JOGO DA ESCOLA...

ISABELLA NÃO GOSTOU DE VER A AMIGA ASSIM.

— NÃO FIQUE TRISTE! VOCÊ NÃO TREINOU PORQUE ESTAVA DOENTE, LEMBRA? AGORA VOCÊ PODE TREINAR E VAI JOGAR MUITO BEM NO PRÓXIMO ANO!

VALENTINA PERGUNTOU:

— VOCÊ ACHA MESMO?

ISABELLA RESPONDEU:

— SIM, EU TENHO CERTEZA! E A BÍBLIA DIZ QUE, QUANDO ESTAMOS TRISTES, DEVEMOS ORAR!

ENTÃO, ISABELLA PEGOU A MÃO DA AMIGA. ELAS FECHARAM OS OLHOS E ORARAM JUNTAS. QUE BOM TER AMIGOS PARA ORAR COM A GENTE!

ORAÇÃO

DEUS PAI, QUANDO A TRISTEZA CHEGAR, ME AJUDA A LEMBRAR DE FALAR COM O SENHOR EM ORAÇÃO. AMÉM.

LEITURA BÍBLICA: SALMOS 139.23

DEUS VÊ O CORAÇÃO

JOÃO GOSTAVA MUITO DE ORAR COMO O REI DAVI. DAVI ERA UM REI QUE AMAVA MUITO A DEUS! A BÍBLIA DIZ QUE ELE SEMPRE TENTAVA FAZER O QUE AGRADAVA A DEUS. ELE SE ESFORÇAVA PARA OBEDECER AOS MANDAMENTOS DE DEUS E PARA VIVER DE ACORDO COM A VONTADE DELE. MAS DAVI TAMBÉM ERRAVA, COMO TODOS NÓS. E, QUANDO ELE ERRAVA, SE ARREPENDIA DE VERDADE E PEDIA PERDÃO A DEUS, QUE SEMPRE O PERDOAVA!

JOÃO SABIA QUE TODOS NÓS PECAMOS E ERRAMOS. POR ISSO, ELE ORAVA TODOS OS DIAS ANTES DE DORMIR. ELE PEDIA A DEUS PARA OLHAR BEM DENTRO DO SEU CORAÇÃO E VER SE TINHA ALGUMA COISA ERRADA ALI, ALGUMA COISA QUE NÃO AGRADAVA A DEUS.

ÀS VEZES, A GENTE FAZ COISAS QUE NÃO AGRADAM A DEUS E NEM PERCEBE! MAS, SE A GENTE PEDIR AJUDA, O ESPÍRITO SANTO, QUE É COMO UM AMIGO QUE NOS AVISA QUANDO FAZEMOS ALGO ERRADO, MOSTRA O QUE ESTÁ ERRADO. ASSIM, A GENTE PODE SE ARREPENDER, PEDIR PERDÃO A DEUS E FAZER AS PAZES COM ELE DE NOVO! É COMO O NOSSO QUARTO: DE VEZ EM QUANDO, A GENTE PRECISA ARRUMAR E LIMPAR PARA TIRAR A BAGUNÇA. O NOSSO CORAÇÃO TAMBÉM PRECISA SER LIMPO DO PECADO PARA FICAR SEMPRE BONITO E AGRADÁVEL PARA DEUS. ASSIM, JESUS SEMPRE ENCONTRA UM LUGAR LIMPINHO E ESPECIAL PARA MORAR DENTRO DE NÓS!

ORAÇÃO

QUERIDO DEUS, OLHA DENTRO DO MEU CORAÇÃO E ME AJUDA A FAZER O QUE É CERTO. AMÉM!

COISAS BOAS

AS MENINAS ESTAVAM ANIMADAS PARA APRENDER E DECORAR AS COISAS BOAS QUE O ESPÍRITO DE DEUS NOS ENSINA.

— VAMOS REPETIR! MINHA VOVÓ SEMPRE FALA QUE ASSIM A GENTE GUARDA A PALAVRA DE DEUS NO CORAÇÃO: "O FRUTO DO ESPÍRITO É: AMOR (GOSTAR DAS PESSOAS), ALEGRIA (FICAR FELIZ), PAZ (FICAR TRANQUILO), PACIÊNCIA (SABER ESPERAR), AMABILIDADE (SER GENTIL E EDUCADO), BONDADE (FAZER O BEM), FIDELIDADE (SER AMIGO DE VERDADE), MANSIDÃO (SER CALMINHO) E DOMÍNIO PRÓPRIO (SABER SE CONTROLAR)". NINGUÉM PODE DIZER QUE ESSAS COISAS SÃO RUINS! — DIZIA VALENTINA ÀS AMIGAS.

— ACHO QUE OS MENINOS FICARAM COM A PARTE MAIS DIFÍCIL, AS COISAS BOAS QUE O ESPÍRITO DE DEUS NOS DÁ SÃO LINDAS! — DISSE VITÓRIA.

— É VERDADE! O MAIS IMPORTANTE É QUERER TER COISAS BOAS NO CORAÇÃO! ESTOU CURIOSA PARA APRENDER QUAIS COISAS A GENTE NÃO PODE FAZER — DISSE ISABELLA.

E ELA ESTAVA CERTA! A GENTE DEVE SEMPRE ENCHER O CORAÇÃO COM AS COISAS BOAS QUE VÊM DE DEUS. É IMPORTANTE APRENDER O QUE A BÍBLIA ENSINA, E TAMBÉM SABER O QUE NÃO É LEGAL FAZER. QUANDO A GENTE FAZ COISAS QUE NÃO AGRADAM A DEUS, É SINAL DE QUE NOSSO CORAÇÃO NÃO ESTÁ PERTINHO DELE. SE FICAMOS COM RAIVA, COM INVEJA, COM CIÚMES OU BRIGAMOS COM OS AMIGOS, NOSSO CORAÇÃO FICA PESADO E A GENTE FICA TRISTE. MAS JESUS QUER QUE A GENTE VIVA COM ALEGRIA, COM UM CORAÇÃO LEVE, CHEIO DE AMOR E PAZ!

ORAÇÃO

QUERIDO DEUS, OBRIGADO POR COLOCAR NO MEU CORAÇÃO AS COISAS BOAS DO ESPÍRITO. QUERO FAZER SEMPRE O QUE AGRADA A TI. AMÉM.

DIA 247

LEITURA BÍBLICA: TIAGO 1.17

PRESENTE DE DEUS

ERA UM DIA LINDO. JOÃO, JUNTO À MAMÃE, PREPARAVA UM PIQUENIQUE MUITO ESPECIAL PARA OS AMIGOS NO PARQUE, COM SUCOS, BOLOS E SANDUÍCHES!

ENZO CHEGOU CORRENDO. VALENTINA VEIO DEVAGAR, COM UM SORRISO TRANQUILO NO ROSTO.

— QUE DIA LINDO! — DISSE JOÃO.

ENZO FALOU:

— UFA! AINDA BEM QUE NÃO CHOVEU!

MAS VALENTINA, QUE ERA MUITO ESPERTA, TEVE UMA IDEIA E DISSE:

— APRENDI QUE ATÉ OS DIAS DE CHUVA SÃO LINDOS! SABEM POR QUÊ? PORQUE DEUS É QUEM FAZ TODOS OS DIAS. E CADA DIA É UM PRESENTE QUE ELE NOS DÁ!

ENZO FEZ UMA CARINHA DE CONFUSÃO E PERGUNTOU:

— UÉ... COMO ASSIM, VALENTINA?

— É QUE TODO DIA QUE A GENTE VIVE É UM PRESENTE DE DEUS! MESMO QUANDO AS COISAS NÃO ACONTECEM DO JEITINHO QUE A GENTE QUERIA — EXPLICOU VALENTINA. — E A CHUVA É MUITO IMPORTANTE! ELA AJUDA AS PLANTINHAS A CRESCEREM E DEIXA TUDO BEM VERDINHO.

JOÃO, QUE JÁ TINHA ENTENDIDO O RECADO, FALOU:

— É VERDADE! DEUS É MUITO BOM! TODOS OS DIAS SÃO PRESENTES, SEJA COM SOL QUENTINHO, SEJA COM CHUVA CAINDO. E HOJE ELE NOS DEU ESTE DIA DE SOL LINDO PARA BRINCAR BASTANTE!

VALENTINA OLHOU PARA O CÉU E DISSE:

— HOJE EU QUERO APROVEITAR MUITO ESSE PRESENTE DE DEUS!

E TODOS RIRAM, PRONTOS PARA BRINCAR, CORRER E SABOREAR O PIQUENIQUE NAQUELE DIA LINDO, FEITO COM AMOR POR DEUS, NOSSO PAI.

ORAÇÃO

SENHOR, OBRIGADO POR CADA NOVO DIA QUE O SENHOR ME DÁ!

TUDO VIRA COISA BOA!

ERA DIA DE AULA DE CIÊNCIAS, E IA SER BEM DIVERTIDO! OS AMIGOS ESTAVAM SUPERANIMADOS COM A AULA, MAS VALENTINA ESTAVA COM UMA CARINHA TRISTE, PORQUE NÃO ESTAVA ENTENDENDO NADA DA MATÉRIA.

GABRIEL PERCEBEU QUE ELA NÃO ESTAVA FELIZ E FOI ATÉ ELA.

— POR QUE VOCÊ NÃO ESTÁ ANIMADA PARA A AULA, VALENTINA? — PERGUNTOU GABRIEL.

— AH, GABRIEL... EU NÃO ESTOU CONSEGUINDO ENTENDER! ACHO QUE NÃO SOU BOA NESSAS COISAS DE CIÊNCIAS... — ELA FALOU, QUASE CHORANDO.

GABRIEL VIU QUE VALENTINA ESTAVA MESMO CHATEADA. ELE SORRIU, SE SENTOU DO LADINHO DELA E DISSE:

— ÀS VEZES, NÓS NÃO ENTENDEMOS TUDO DE UMA VEZ, MAS ISSO NÃO QUER DIZER QUE DEUS NÃO ESTÁ NOS AJUDANDO! ELE USA TUDO O QUE ACONTECE NA NOSSA VIDA, ATÉ AS COISAS QUE PARECEM DIFÍCEIS, PARA NOS ENSINAR ALGO LEGAL!

— MESMO QUANDO EU ME SINTO TÃO DIFERENTE DE TODO MUNDO AQUI NA SALA? — ELA PERGUNTOU, UM POUCO TRISTE.

— SIM! DEUS USA ATÉ OS MOMENTOS EM QUE A GENTE PENSA: "AH, NÃO CONSIGO!". ELE FAZ TUDO, TUDO MESMO, VIRAR ALGO BOM PARA A GENTE! — FALOU GABRIEL, COM UM SORRISO.

VALENTINA SORRIU DE VOLTA, SENTINDO O CORAÇÃO MAIS TRANQUILO.

— VOCÊ ESTÁ CERTO, AMIGO! EU VOU FALAR COM O PROFESSOR E VOU PEDIR PARA DEUS ME AJUDAR A ENTENDER TUDO.

ORAÇÃO

OBRIGADO, JESUS, POR USAR TUDO PARA ME ENSINAR QUE, COM O SENHOR, EU POSSO FAZER TUDO! AMÉM!

café com Deus Pai KIDS

POSSO CONFIAR EM DEUS

EM UMA TARDE DE SÁBADO, GABRIEL ESTAVA AJUDANDO A VOVÓ A PLANTAR FLORES BEM LINDAS E CHEIROSAS NO JARDIM. ENQUANTO ELE MEXIA NA TERRA, SEU CORAÇÃO FAZIA *"TUM-TUM-TUM"*, BATENDO UM POUCO ACELERADO. SABE POR QUÊ? NO FIM DE SEMANA SEGUINTE, ELE IA AJUDAR NA FESTA DA IGREJA E ESTAVA COM MEDO DE NÃO CONSEGUIR FAZER TUDO QUE TINHA PROMETIDO.

— VOVÓ, VOCÊ ACHA QUE EU VOU CONSEGUIR FAZER TUDO CERTINHO LÁ? — PERGUNTOU ELE PREOCUPADO, COM UMA CARINHA DE DÚVIDA.

A VOVÓ, COM UM OLHAR CALMO E CHEIO DE AMOR, RESPONDEU:

— TENHO CERTEZA QUE SIM, GABRIEL! DEUS DEU A VOCÊ UMA MENTE MUITO ESPERTA E CRIATIVA. É SÓ CONVERSAR COM ELE E PEDIR CORAGEM, E ELE VAI AJUDÁ-LO.

— MAS EU TENHO MEDO DE ERRAR... — GABRIEL CONFESSOU, COM A VOZ BAIXINHA.

— AH, GABRIEL, TENHA ESPERANÇA DE QUE DEUS VAI AJUDAR VOCÊ A FAZER O SEU MELHOR. E, PARA DEUS, O SEU MELHOR JÁ É O SUFICIENTE! — A VOVÓ CONTINUOU FALANDO COM FIRMEZA, MAS COM MUITO CARINHO.

— ENTÃO, EU POSSO FAZER TUDO COM CONFIANÇA EM DEUS! VOU ME LEMBRAR DISSO. — GABRIEL SORRIU, SENTINDO UMA PAZ GOSTOSA NO CORAÇÃO, COMO UM ABRAÇO APERTADO.

ORAÇÃO

SENHOR, ME AJUDA A CONFIAR EM TI. AMÉM.

DEUS ME ENSINA

JOÃO ESTAVA PREOCUPADO COM A APRESENTAÇÃO DA ESCOLA QUE IA ACONTECER NO DIA SEGUINTE. DURANTE O LANCHE, ELE FOI FALAR COM ISABELLA, TENTANDO ACHAR UM JEITO DE SE SENTIR MELHOR.

— E SE EU ESQUECER TUDO NA HORA? — PERGUNTOU JOÃO, COM UMA CARINHA PREOCUPADA.

— JOÃO, LEMBRE-SE DO QUE VOCÊ MESMO FALA: "DEUS NOS ENSINOU A NÃO FICAR PREOCUPADOS COM O DIA DE AMANHÃ!" — ISABELLA LEMBROU.

— MAS EU FICO PENSANDO NISSO O TEMPO TODO... — FALOU JOÃO, COM A VOZ BEM BAIXINHA E AINDA PREOCUPADO.

— QUE TAL PEDIR A DEUS PARA AJUDAR VOCÊ A FICAR CALMO? ORAR, QUE É CONVERSAR COM ELE, AJUDA MUITO! — DISSE ISABELLA, TENTANDO ACALMÁ-LO.

NA MESMA HORA, JOÃO COLOCOU A MÃO NO CORAÇÃO E FEZ UMA ORAÇÃO, PEDINDO PARA DEUS DEIXA-LO TRANQUILO. LOGO, ELE SENTIU A CALMA ENTRAR NO SEU PEITO — E O MEDO FOI EMBORA.

— DEU CERTO, ISABELLA! JÁ ESTOU ME SENTINDO MELHOR. OBRIGADO, DEUS! — DISSE JOÃO.

ORAÇÃO

DEUS PAI, ME AJUDA A CONFIAR EM TI E A NÃO ME PREOCUPAR COM O QUE VAI ACONTECER AMANHÃ. AMÉM!

LEITURA BÍBLICA: 2CORÍNTIOS 12.9

café com Deus Pai KIDS

O QUE DEUS FAZ É BOM

VALENTINA ESTAVA BRINCANDO NO PÁTIO DA ESCOLA, MAS, DE REPENTE, ELA SE SENTIU CANSADA DE UM JEITO DIFERENTE. DEPOIS DE CORRER E PULAR UM POUQUINHO COM AS OUTRAS CRIANÇAS, ELA PRECISOU SE SENTAR PARA DESCANSAR.

JOÃO VIU QUE ELA ESTAVA CANSADINHA E PERGUNTOU:

— VALENTINA, VOCÊ ESTÁ CANSADA?

VALENTINA RESPONDEU:

— É QUE EU SEMPRE FICO ASSIM, SABE? EU QUERIA BRINCAR MAIS, MAS TENHO MEDO DE QUE O MEU CORAÇÃOZINHO FIQUE DODÓI DE NOVO.

JOÃO, COM UM SORRISO, DISSE:

— VALENTINA, DEUS JÁ CUROU VOCÊ! ELE VAI AJUDÁ-LA A NÃO TER MAIS ESSE MEDO. MAS DESCANSAR TAMBÉM É IMPORTANTE, VIU?

VALENTINA RESPIROU FUNDO E SE SENTIU MAIS TRANQUILA. ELA DISSE:

— VOCÊ TEM RAZÃO, JOÃO! TODA VEZ QUE EU SENTIR MEDO, VOU PEDIR PARA DEUS PAI ME AJUDAR A LEMBRAR QUE ELE JÁ FEZ UM MILAGRE NA MINHA VIDA! AGORA EU POSSO BRINCAR FELIZ E LIVRE!

ORAÇÃO

DEUS, OBRIGADO PELOS MILAGRES QUE FAZ, POIS TUDO QUE O SENHOR FAZ É BOM. AMÉM!

FAÇA UM "ESCUDO DA CORAGEM"! PEGUE UM PAPEL BEM GRANDE OU UMA CARTOLINA.
DESENHE UM ESCUDO DE PAPEL E DESENHE NELE ALGO QUE VOCÊ ACHA QUE O LIMITA, MAS QUE DEUS PODE USAR PARA O BEM. ESCREVA NO MEIO DO DESENHO OU ATRÁS: "DEUS ME USA ASSIM!".

MEUS TESOUROS

SABE O QUE ENZO, JOÃO E GABRIEL ENCONTRARAM NA GARAGEM DO VOVÔ DO GABRIEL? UM BARCO DE MADEIRA! ELE ERA BEM BONITO, SÓ COM ALGUNS ARRANHÕES. ELES LOGO FICARAM CURIOSOS E COMEÇARAM A IMAGINAR UM MONTÃO DE AVENTURAS. FOI ENTÃO QUE ENZO DISSE:

— E SE A GENTE COLOCASSE ELE NO MAR, IGUAL ÀQUELES BARCOS DE PIRATAS?

— EU TOPO! MAS SÓ SE EU FOR O CAPITÃO E CUIDAR DO TESOURO! — BRINCOU JOÃO, RINDO.

GABRIEL ACHOU TUDO MUITO ENGRAÇADO. PEGOU UMA BACIA E ENCHEU DE ÁGUA PARA VER O BARCO NAVEGAR. MAS O BARCO AFUNDOU!

FOI AÍ QUE O VOVÔ CHEGOU E DISSE:

— ESTE BARQUINHO ESTÁ COM MUITO TESOURO ESCONDIDO NO FUNDO, POR ISSO ELE NÃO CONSEGUE BOIAR! ACHO QUE OS PIRATAS NÃO PENSARAM DIREITO NO PESO.

— COMO ASSIM, VOVÔ? O SENHOR TEM UM TESOURO DE VERDADE? — PERGUNTOU GABRIEL, CHEIO DE CURIOSIDADE.

— AH, EU TENHO, SIM! ESTÁ BEM GUARDADO LÁ NO CÉU, ONDE O LADRÃO NÃO ROUBA E NEM A TRAÇA COME. SE EU FOSSE VOCÊS, COMEÇARIA A GUARDAR AS COISAS MAIS IMPORTANTES LÁ TAMBÉM!

VAMOS PINTAR O TESOURO QUE O VOVÔ ACUMULOU NOS CÉUS?

ORAÇÃO

QUERIDO DEUS, ME AJUDA A AMAR AS COISAS DO CÉU MAIS QUE TUDO! AMÉM!

DIA 253

LEITURA BÍBLICA: SALMOS 85.15

A ALEGRIA VEM DE DEUS!

GABRIEL SE DIVERTIU MUITO, MUITO MESMO, COM A MAMÃE NO FINAL DE SEMANA! FOI UM DOS MAIS FELIZES DA VIDA DELE!

MAS, AGORA, ERA SEGUNDA-FEIRA... HORA DE VOLTAR PARA A ESCOLA E FAZER AS COISAS DE SEMPRE. GABRIEL FICOU UM POUQUINHO TRISTE.

— QUE CARINHA TRISTE É ESSA, QUERIDO? — PERGUNTOU A VOVÓ DO GABRIEL.

— AH, VOVÓ! FOI TÃO BOM FICAR COM A MAMÃE! AGORA PRECISO VOLTAR PRA ESCOLA, FAZER LIÇÃO E LAVAR MEU TÊNIS, ISSO NÃO PARECE NADA DIVERTIDO! — RESPONDEU ELE.

— ENTÃO É POR ISSO? — QUESTIONOU A VOVÓ, COM UM JEITINHO DE QUEM VAI EXPLICAR ALGO IMPORTANTE. — GABRIEL, A VIDA É FEITA DE DIAS NORMAIS, UM ATRÁS DO OUTRO. POR ISSO QUE OS DIAS DE LAZER SÃO TÃO ESPECIAIS, ENTENDE? SE TODOS OS DIAS FOSSEM DE LAZER, NÃO SERIAM TÃO ESPECIAIS!

— NÃO ENTENDI NADA, VOVÓ! — ELE DISSE.

— O QUE EU QUERO DIZER, MEU QUERIDO — EXPLICOU A VOVÓ —, É QUE A GENTE VÊ A BONDADE DE DEUS TODOS OS DIAS! DEUS ESTÁ EM TUDO, NOS DANDO ALEGRIA, MESMO NAS COISAS QUE PARECEM MAIS COMUNS, COMO ARRUMAR O QUARTO OU FAZER A LIÇÃO. TUDO, TUDO MESMO, É UM PRESENTE DE DEUS!

GABRIEL PENSOU UM POUCO E PERCEBEU COMO ERA ABENÇOADO: TINHA SUA FAMÍLIA, SUA ESCOLA, SUA CACHORRINHA ZILU... E ATÉ O TÊNIS SUJINHO PARA LAVAR, SINAL DE QUE ELE TINHA BRINCADO MUITO NO FIM DE SEMANA!

ESTAVA NA HORA DE DEIXAR TUDO LIMPINHO PARA A PRÓXIMA AVENTURA!

ORAÇÃO

DEUS PAI, OBRIGADO POR ME DAR ALEGRIA TODOS OS DIAS. AMÉM.

DEUS SEMPRE CUMPRE

A MÃE DE GABRIEL ESTAVA SENTADA NA SALA, ASSISTINDO À TELEVISÃO, ENQUANTO ELE TERMINAVA DE LAVAR A LOUÇA DO JANTAR NA COZINHA. GABRIEL ESTAVA VOLTANDO PARA SE SENTAR UM POUCO COM A MÃE ANTES DE IR ESCOVAR OS DENTES E DORMIR, MAS ELE PAROU POR UM MINUTINHO E PENSOU: "POXA, MEU DEUS, PARECE UM SONHO! COMO O SENHOR SEMPRE FAZ O QUE PROMETE! EU NUNCA ENCONTREI NA BÍBLIA, NEM UMA VEZ SEQUER, UMA PROMESSA QUE ELE NÃO TENHA CUMPRIDO!". SABE, A BÍBLIA NOS CONTA QUE DEUS PAI PROMETEU QUE DAVI SERIA REI, E ELE CUMPRIU! DEUS TAMBÉM PROMETEU QUE JACÓ VOLTARIA PARA A SUA FAMÍLIA EM PAZ, E ASSIM ACONTECEU! MUITAS OUTRAS VEZES, DEUS FOI FIEL E RESPONDEU ÀS ORAÇÕES QUE FIZEMOS.

GABRIEL TINHA PEDIDO PARA FICAR BEM PERTINHO DA MÃE DELE. E, AGORA, PARADO ALI, VÊ-LA AO SEU LADO NA SALA, PARECIA UM SONHO! COMO A GENTE PODE DUVIDAR DE ALGO QUE A PALAVRA DE DEUS (A BÍBLIA!) DIZ?

É IMPOSSÍVEL!

QUE TAL COMPARTILHAR COM SUA FAMÍLIA ALGUMA PALAVRA QUE O SENHOR TENHA COLOCADO EM SEU CORAÇÃO? SERÁ QUE ELES TÊM UMA RESPOSTA DE ORAÇÃO PARA CONTAR?

ORAÇÃO

QUERIDO DEUS, OBRIGADO POR SEMPRE CUMPRIR TUAS PROMESSAS E CUIDAR DA GENTE. AMÉM.

LEITURA BÍBLICA: MATEUS 6.28-30

café com Deus pai KIDS

VESTIDO DE LÍRIO

A CAMA DA ISABELLA ESTAVA CHEIA DE VESTIDOS! ELA TINHA TIRADO VÁRIOS DO GUARDA-ROUPA PORQUE IA A UMA FESTA DE ANIVERSÁRIO E NÃO CONSEGUIA ESCOLHER UM. E, AINDA POR CIMA, ALGUNS ESTAVAM PEQUENOS E NÃO FECHAVAM MAIS! ISABELLA, CHATEADA, DISSE:

— MAMÃE, NÃO TENHO VESTIDO NENHUM QUE SIRVA! NÃO VOU PODER IR À FESTA DE ANIVERSÁRIO PORQUE NÃO TENHO ROUPA PARA VESTIR!

A MAMÃE RESPONDEU:

— VOCÊ NÃO PODE DEIXAR DE BRINCAR COM SEUS AMIGOS PORQUE NÃO ACHOU O VESTIDO PERFEITO! TENHO CERTEZA DE QUE TEM OUTRAS ROUPAS DO SEU TAMANHO. QUE TAL APROVEITAR PARA SEPARAR O QUE NÃO SERVE MAIS E DOAR PARA OUTRAS CRIANÇAS?

ISABELLA TINHA, SIM, OUTRAS ROUPAS. MAS, MESMO QUE NÃO TIVESSE, A MAMÃE APROVEITOU PARA ENSINAR ALGO MUITO LEGAL:

— NÃO PRECISAMOS FICAR TRISTES POR COISAS ASSIM! JESUS NOS ENSINA A NÃO FICARMOS PREOCUPADOS COM AS ROUPAS. ELE MESMO VESTE TODOS OS LÍRIOS COM SUAS CORES LINDAS! E, COMO VOCÊ SABE, AS FLORES DURAM UM TEMPINHO, MAS DEPOIS MURCHAM E CAEM. NÓS SOMOS MUITO MAIS IMPORTANTES PARA DEUS DO QUE AS FLORES! MESMO QUE UM VESTIDO PAREÇA SÓ UM DETALHE, PARA DEUS É UM DETALHE IMPORTANTE!

ISABELLA PENSOU, SUSPIROU E COMEÇOU A GUARDAR SUAS ROUPAS. DE REPENTE, PUXOU DEBAIXO DE TUDO UM VESTIDO BRANCO COM LÍRIOS AMARELOS LINDOS! ELE SERVIA DIREITINHO E AINDA IA FAZÊ-LA LEMBRAR DE ALGO QUE APRENDEU DA BÍBLIA: JESUS ME VESTE MAIS BONITA QUE OS LÍRIOS QUE MURCHAM E CAEM!

ORAÇÃO

QUERIDO DEUS, OBRIGADO POR NÃO SE ESQUECER DE NADA QUE EU PRECISO. AMÉM.

A MATEMÁTICA DE JESUS!

ERA UM SÁBADO LINDO DE SOL, OS AMIGOS SE ENCONTRARAM NA PRACINHA. OS MENINOS ESTAVAM ANIMADOS, SE PENDURANDO NOS BRINQUEDOS. AS MENINAS BALANÇAVAM JUNTAS. QUANDO SE JUNTARAM, ISABELLA CONTOU UMA NOVIDADE:

— SABIAM QUE EU E AS MENINAS ESTUDAMOS O MAIOR CAPÍTULO DA BÍBLIA?

ENZO FEZ UMA CARA DE DÚVIDA:

— QUAL É ESSE CAPÍTULO? NEM DEVE SER TÃO GRANDE ASSIM!

VALENTINA RESPONDEU NA HORA:

— SE DUVIDA, ABRA O SALMO 119 QUANDO CHEGAR EM CASA! ELE É ENORME!

— HMM, TÁ BOM. JÁ QUE VOCÊS SABEM O MAIOR CAPÍTULO, ME DIGAM: QUAL É O MENOR LIVRO DA BÍBLIA? — DESAFIOU JOÃO, SORRINDO.

TODOS FICARAM QUIETINHOS, PENSANDO. NINGUÉM SABIA. ENTÃO JOÃO CONTOU, ANIMADO:

— É 2JOÃO, MAS TAMBÉM TEM OUTROS LIVROS BEM PEQUENININHOS, COMO 3JOÃO, OBADIAS, FILEMOM E JUDAS.

— AH, NÃO QUERO LER! ESSE JUDAS TRAIU JESUS! — ENZO FEZ CARETA.

JOÃO EXPLICOU, BALANÇANDO A CABEÇA:

— NÃO, ENZO! ESSE É OUTRO JUDAS! E O LIVRO TEM ENSINAMENTOS LEGAIS. SABIA QUE FALA ATÉ DA MATEMÁTICA DE JESUS?

— MATEMÁTICA? NA BÍBLIA? — GABRIEL ARREGALOU OS OLHOS.

— SIM! NO VERSÍCULO 2 DIZ QUE A PAZ E O AMOR DE JESUS NUNCA ACABAM, SÓ SE MULTIPLICAM!

AS CRIANÇAS RIRAM COM A DESCOBERTA! E NÃO É QUE É VERDADE? MESMO DIVIDINDO O AMOR DE JESUS COM TODO MUNDO, ELE NUNCA DIMINUI, SÓ MULTIPLICA E CRESCE SEM PARAR!

ORAÇÃO

QUERIDO JESUS, QUE O TEU AMOR EM MIM JAMAIS DIMINUA. AMÉM.

NO AMOR DE DEUS

CERTA MANHÃ, LENDO O DEVOCIONAL COM A FAMÍLIA, JOÃO COMENTOU COM O PAI:

— PAPAI, ESTOU LENDO AS HISTÓRIAS DO POVO DE ISRAEL E, NOSSA, COMO ELES ERAM TEIMOSOS! DEUS FALAVA: “NÃO FAÇAM ISTO!”, E ELES IAM LÁ E FAZIAM! PARECIA ATÉ QUE ERA SÓ PARA DEIXAR DEUS TRISTE.

VAMOS PINTAR O DESENHO BEM BONITO?

— É VERDADE. ERAM COMO A GENTE! TODOS NÓS PRECISAMOS DA AJUDA DE JESUS. SEM ELE, É IMPOSSÍVEL ANDAR NO CAMINHO CERTO.

— MAS, SE A GENTE É IGUAL A ELES, SERÁ QUE DEUS VAI SE IRRITAR COM A GENTE TAMBÉM? QUANDO ELES FAZIAM COISAS ERRADAS, SEMPRE VINHAM CONSEQUÊNCIAS. O SENHOR NÃO ENSINOU QUE DEUS PAI É AMOR?

— JOÃO, DEUS É AMOR, SIM, MAS ELE TAMBÉM ENSINA O CERTO E O ERRADO. ENTÃO, O QUE FAZEMOS SEMPRE TEM CONSEQUÊNCIAS. SE FAZEMOS COISAS BOAS, ELAS VOLTAM. SE NÃO TÃO BOAS, TAMBÉM VOLTAM. MAS A MELHOR PARTE É QUE, A “RAIVA” DELE DURA SÓ UM SEGUNDINHO, E O AMOR DELE É PARA A VIDA TODA! POR ISSO, VAMOS NOS ESFORÇAR PARA OBEDECER, PORQUE SÓ ELE DÁ UMA VIDA CHEIA DE ALEGRIA E PAZ!

ORAÇÃO

QUERIDO DEUS, OBRIGADO PORQUE O TEU AMOR DURA PARA SEMPRE. AMÉM.

JESUS OUVE A GENTE!

GABRIEL AMA O SOL E AS FLORES E ADORA VER A VOVÓ E O VOVÔ CUIDANDO DO JARDIM. AS FLORES SÃO TÃO LINDAS QUE PARECEM ATÉ SORRIR PARA O SOL, NÃO É?

UM DIA, ENQUANTO CONVERSAVA COM JESUS (ISSO MESMO, ORAR É CONVERSAR COM JESUS), ELE PENSOU EM UM PASTORZINHO MUITO ESPECIAL DA BÍBLIA: DAVI.

DAVI IA AO CAMPO PARA CUIDAR DAS OVELHINHAS. LÁ, NO MEIO DA NATUREZA, ELE VIA TANTAS COISAS LINDAS QUE SENTIA VONTADE DE ESCREVER MÚSICAS E POEMAS PARA DEUS! ELE TOCAVA HARPA E CANTAVA PARA O SENHOR COM TODO SEU CORAÇÃO. DAVI, QUE AMAVA MUITO A DEUS, DIZIA COM TODA A CERTEZA NO CORAÇÃO: "EU AMO O SENHOR PORQUE ELE OUVE A MINHA VOZ!". DEUS OUVIA TUDO O QUE ELE FALAVA! QUE PRESENTE MARAVILHOSO É SABER QUE DEUS PAI NOS ESCUTA!

SABE, JESUS TAMBÉM OUVE A SUA VOZ! ELE OUVE QUANDO VOCÊ CANTA UMA MUSIQUINHA PARA ELE E QUANDO FALA COM ELE ANTES DE DORMIR. E SABE O QUE É MAIS INCRÍVEL? ELE OUVE ATÉ O QUE NÃO FALAMOS, MAS QUE ESTÁ NO NOSSO CORAÇÃO!

OLHAR PARA A NATUREZA, COMO GABRIEL FAZIA NO JARDIM DOS AVÓS, E PENSAR NO AMOR DE DEUS E EM TUDO O QUE ELE CRIOU, DEIXA O NOSSO CORAÇÃO CHEIO DE CARINHO E RESPEITO POR DEUS.

OS AVÓS DO GABRIEL SEMPRE MOSTRAVAM COMO DEUS ESTÁ PRESENTE EM CADA PEDACINHO DO DIA A DIA. FOI ASSIM QUE GABRIEL APRENDEU A VALORIZAR AS COISAS PEQUENINAS. PARA ELE, CADA FLOR NO JARDIM ERA UMA PROVA DO AMOR DE DEUS. QUANDO ELE E OS AVÓS CUIDAVAM DO JARDIM, ERA COMO SE DISSESSEM "OBRIGADO!" PARA O CRIADOR!

ORAÇÃO

QUERIDO JESUS, MUITO OBRIGADO POR OUVIR A MINHA VOZ E TAMBÉM O MEU CORAÇÃO. AMÉM.

LEITURA BÍBLICA: 2CORÍNTIOS 5.21

A JUSTIÇA DE DEUS

NA CASA DA ISABELLA, FAZER O DEVOCIONAL EM FAMÍLIA ERA UMA TRADIÇÃO. AGORA QUE ISABELLA E O IRMÃO ESTAVAM CRESCENDO, O PAPAI COMEÇOU A DEIXÁ-LOS ESCOLHER O TEMA. ERA A VEZ DA ISABELLA. ELA ESTAVA UM POUQUINHO NERVOSA. MAS, DEPOIS DE ORAR E PEDIR A AJUDA DE DEUS, DISSE:

— PAPAI, QUERO FALAR SOBRE A JUSTIÇA DE DEUS!

O PAPAI FICOU UM POUCO PREOCUPADO. JUSTIÇA DE DEUS? SERÁ QUE ELA IA FALAR SOBRE PECADO, ARREPENDIMENTO, CÉU E INFERNO? AQUELA MANHÃ PROMETIA! DE MÃOS DADAS, ORARAM. A MAMÃE SERVIU O CAFÉ E DISSE QUE ISABELLA PODIA COMEÇAR.

— EU FIQUEI PENSANDO EM TUDO QUE O PAPAI TEM ENSINADO. MESMO CRIANÇAS, A GENTE PRECISA DE UM SALVADOR, NÃO É? POR ISSO PENSEI EM COMO JESUS FOI BOM! ELE SOFREU NO MEU LUGAR, PORQUE ME AMA MUITO! POR CAUSA DE TUDO QUE JESUS FEZ, A GENTE PODE SER A JUSTIÇA DE DEUS! EU ENTENDI QUE DEUS PODE OLHAR PARA QUEM CRÊ E VER A GENTE LIMPINHOS, SEM NENHUMA SUJEIRINHA, NENHUM PECADINHO SEQUER. ISSO ACONTECE SÓ PORQUE O SANGUE DE JESUS LIMPOU TUDO.

— E É ISSO. AMÉM!

O PAPAI ESTAVA COM OS OLHOS CHEIOS DE ÁGUA! FICOU TÃO FELIZ DE VER COMO UMA MENININHA TÃO PEQUENA EXPLICOU ALGO QUE ATÉ ADULTOS ACHAM DIFÍCIL. ENXUGANDO OS OLHOS, DISSE:

— AMÉM, MINHA FILHA! VOCÊ FALOU DIREITINHO! PAPAI ESTÁ MUITO FELIZ POR APRENDER COM VOCÊ. QUE DEUS ABENÇOE NOSSO DIA!

ORAÇÃO

QUERIDO DEUS, OBRIGADO PELO SANGUE DE JESUS, QUE NOS LIMPA E NOS FAZ JUSTOS DIANTE DE TI. AMÉM.

LEITURA BÍBLICA: JOSUÉ 1.5

DIA 260

NUNCA O ABANDONAREI

VOCÊ SE LEMBRA DE MOISÉS? ELE ERA UM LÍDER MUITO, MUITO IMPORTANTE NA BÍBLIA. DEPOIS DELE, UM OUTRO HOMEM CHAMADO JOSUÉ IA PRECISAR ASSUMIR O LUGAR DE LÍDER. NÃO ERA UMA TAREFA FÁCIL, E JOSUÉ ESTAVA COM MEDO!

FOI BEM PARECIDO COM O QUE ACONTECEU COM VALENTINA. A VOVÓ DELA AJUDOU QUANDO VIU QUE ELA TAMBÉM ESTAVA COM MEDO DE UMA COISA NOVA:

— VOVÓ, QUEREM QUE EU SEJA A LÍDER DA TURMA!

— AH! QUE LEGAL, MINHA QUERIDA! QUE NOTÍCIA BOA! — COMEMOROU A VOVÓ, TODA FELIZ.

— NÃO, VOVÓ! NÃO É LEGAL! EU FICO COM MEDO. ACHO QUE NÃO VOU CONSEGUIR FAZER ISSO! — DISSE VALENTINA, SENTANDO NO TAPETE COM UMA CARINHA EMBURRADA.

FOI AÍ QUE A VOVÓ, QUE ADORA CONTAR HISTÓRIAS DA BÍBLIA, SE LEMBROU DAQUELE DIA IMPORTANTE EM QUE JOSUÉ IA VIRAR LÍDER.

— MINHA QUERIDA, JOSUÉ TAMBÉM SE SENTIU COM MEDO, IGUAL A VOCÊ. MAS UMA PALAVRA DE DEUS FOI CAPAZ DE MUDAR TUDO! DEUS FALOU PARA ELE: "ESTAREI COM VOCÊ; NUNCA O DEIXAREI, NEM O ABANDONAREI". FOI O PRÓPRIO DEUS QUEM FALOU ISSO! VOCÊ ACREDITA QUE JESUS ESTÁ VIVO E MORA NO SEU CORAÇÃO?

— SIM, VOVÓ! EU ACREDITO! — RESPONDEU VALENTINA.

— ENTÃO, ESSA É A MESMA PALAVRA QUE JESUS DIZ PARA VOCÊ HOJE! NÃO PRECISA TER MEDO, MEU AMOR. JESUS VAI AJUDAR VOCÊ A SE SAIR SUPERBEM NESSA TAREFA DE LIDERAR SUA TURMA, VOCÊ VAI VER!

ORAÇÃO

QUERIDO JESUS, OBRIGADO POR JAMAIS ME ABANDONAR. AMÉM.

café com Deus pai KIDS

EM NOSSA CASA

OS AMIGOS JOÃO, GABRIEL E ENZO ESTAVAM BRINCANDO NA PRAÇA. ELES QUERIAM DESCOBRIR QUEM ERA O MAIS ALTO! PARA ISSO, FIZERAM UMA BRINCADEIRA: TENTAR ALCANÇAR O ALTO DO ESCORREGADOR COM AS MÃOS!

JOÃO ESTICOU O BRAÇO E CONSEGUIU ALCANÇAR O ÚLTIMO DEGRAU! GABRIEL PEGOU O TERCEIRO DEGRAU. E ENZO, QUE ERA MENOR, ALCANÇOU SÓ ATÉ O SEGUNDO.

— VOCÊ É O MENOR, ENZO! NÃO ADIANTA QUERER SER O MAIOR — BRINCOU GABRIEL. — VEJA O TAMANHO DO JOÃO, ELE É O MAIS ALTO DE TODOS!

— ENZO, SABIA QUE OS PERFUMES MAIS CHEIROSOS ESTÃO NOS VIDRINHOS PEQUENOS? — DISSE JOÃO, TODO ENGRAÇADINHO, RINDO COM O AMIGO.

ENZO NEM LIGOU PARA A BRINCADEIRA DE QUEM ERA O MAIOR. MAS, PARA PARTICIPAR DA CONVERSA, ELE LEMBROU DE UMA HISTÓRIA MUITO MELHOR QUE PERFUMES OU ALTURA. ENTÃO, FALOU:

— ESQUECE DO PERFUME! SABIA QUE JESUS GOSTA DE VISITAR A CASA DOS MENORES? DUVIDO VOCÊS TEREM UMA IDEIA MELHOR QUE ESSA!

— COMO ASSIM JESUS VAI NA CASA DOS MENORES? — PERGUNTOU GABRIEL.

— É QUE JESUS FOI VISITAR UM HOMEM CHAMADO ZAQUEU. ELE ERA BEM BAIXINHO! SE EU SOU O MENOR, JESUS VAI QUERER VIR PARA A MINHA CASA! — DISSE ENZO, RINDO COM OS AMIGOS.

— VOCÊ FALOU MUITO BEM, AMIGO! — DISSE JOÃO.

E TODOS CAÍRAM NA RISADA, ENTENDENDO QUE O MAIS LEGAL NÃO ERA ALCANÇAR DEGRAUS... MAS, SIM, RECEBER JESUS NO CORAÇÃO! E ISSO TODOS QUERIAM!

ORAÇÃO

QUERIDO JESUS, O SENHOR É MUITO BEM-VINDO EM MINHA CASA. AMÉM.

UM EVANGELISTA

A BÍBLIA CONTA QUE HAVIA UM HOMEM DE DEUS CHAMADO PAULO. ELE ESCREVEU UMA CARTA PARA UM AMIGO CHAMADO TIMÓTEO. NESSA CARTA, PAULO PEDIU PARA TIMÓTEO SER UM EVANGELISTA. JOÃO, QUE ESTAVA LENDO ESSA HISTÓRIA, FICOU PENSANDO: "HUMMM... O QUE SERÁ QUE UM EVANGELISTA FAZ?". JOÃO ENTÃO PENSOU, BEM ANIMADO:

—AH, JÁ SEI! UM EVANGELISTA É ALGUÉM QUE CONTA AS HISTÓRIAS DE JESUS! SE EU TAMBÉM CONTO AS HISTÓRIAS... ENTÃO EU POSSO SER UM EVANGELISTA, COMO TIMÓTEO!

SABE O QUE É UM EVANGELISTA? É ALGUÉM QUE CONTA BOAS NOTÍCIAS! E A MELHOR NOTÍCIA DE TODAS É ESTA: JESUS PAGOU POR TUDO O QUE A GENTE JÁ FEZ DE ERRADO. POR CAUSA DELE, HOJE A GENTE É LIVRE E PODE CHEGAR BEM PERTINHO DE DEUS, O NOSSO PAI. NEM TODO MUNDO SABE DESSA VERDADE TÃO LINDA. É AÍ QUE ENTRA O EVANGELISTA! ELE SAI POR AÍ CONTANDO ESSA MENSAGEM PARA TODO LADO, EM TODOS OS LUGARES! OS AMIGOS DE JESUS, COMO MARCOS, LUCAS, PEDRO E JOÃO, TAMBÉM ERAM CHAMADOS DE EVANGELISTAS PORQUE CONTAVAM PARA TODO MUNDO QUE JESUS TINHA RESSUSCITADO!

— A BONDADE DE JESUS PRECISA SER CONHECIDA! VOU CONTAR PARA OS MEUS AMIGOS ESSA BOA NOTÍCIA E TAMBÉM CONTAR QUE EU DECIDI SER UM EVANGELISTA!

ORAÇÃO

QUERIDO JESUS, QUERO SER UM EVANGELISTA TEU E CONTAR DO TEU AMOR. AMÉM.

DIA 263

LEITURA BÍBLICA: LUCAS 9.14,15

DEUS É DEUS DE ORDEM

O PROFESSOR DA SALINHA DAS CRIANÇAS NA IGREJA QUERIA MOSTRAR PARA ELAS COMO JESUS É MUITO ESPECIAL E TEM MUITO PODER! SEM FALAR NADA, ELE PEDIU PARA AS CRIANÇAS SAÍREM DA SALINHA, ESPERAREM DOIS MINUTINHOS E DEPOIS VOLTAREM. ELAS NÃO ENTENDERAM PORQUE, ACHARAM QUE ERA UMA SURPRESA, MAS ENTRARAM E SAÍRAM, E A SALINHA ESTAVA IGUALZINHA.

AS CRIANÇAS ESTAVAM UM POUCO AGITADAS, ENTÃO O PROFESSOR FALOU:

— FAÇAM GRUPINHOS PEQUENOS; ALGUNS COM TRÊS CRIANÇAS, OUTROS COM QUATRO, OU DOIS.

ELE ATÉ RIU NESSA HORA! PORQUE ALGUMAS CRIANÇAS NÃO OUVIRAM DIREITO E SENTARAM SOZINHAS, OUTRAS CONVERSARAM COM OS AMIGOS, E OUTRAS ANDAVAM PARA LÁ E PARA CÁ, COMO SE ESTIVESSEM PROCURANDO POR ALGUMA LEMBRANCINHA.

QUANDO, FINALMENTE, ELES SE ACALMARAM, O PROFESSOR FALOU:

— ALGO PARECIDO COM ISSO ACONTECEU COM JESUS E ESTÁ ESCRITO LÁ NA BÍBLIA! JESUS IA FAZER UM MILAGRE MUITO FAMOSO: MULTIPLICAR PÃES E PEIXES PARA MUITA GENTE! MAS, ANTES, ELE ORGANIZOU TUDO! E ASSIM TAMBÉM É COM A GENTE! — ELE EXPLICOU.

AS CRIANÇAS FICARAM SUPERIMPRESSIONADAS E NUNCA MAIS ESQUECERAM DA LIÇÃO! ELAS ENTENDERAM QUE É MUITO IMPORTANTE MANTER A ORDEM E A ORGANIZAÇÃO PARA QUE DEUS POSSA AGIR E FAZER COISAS INCRÍVEIS ACONTECEREM!

ORAÇÃO

QUERIDO DEUS, EU SEI QUE O SENHOR GOSTA QUANDO TUDO ESTÁ ARRUMADO. AMÉM.

A BONDADE DE JESUS

VOCÊ SABIA QUE A BONDADE DE JESUS ESTÁ POR TODA PARTE? É COMO UM TESOURO ESCONDIDO QUE A GENTE PODE ENCONTRAR EM MUITOS LUGARES. A BÍBLIA DIZ QUE TODA A TERRA ESTÁ CHEIA DA BONDADE DO SENHOR, E TAMBÉM QUE, QUANDO FAZEMOS ALGO BOM PARA ALGUÉM, É COMO SE FIZÉSSEMOS PARA ELE!

VOCÊ PODE VER A BONDADE DE JESUS TODOS OS DIAS: NO SEU CAFÉ DA MANHÃ QUE VOCÊ COME ANTES DE IR PARA A ESCOLA, NOS AMIGOS QUE BRINCAM COM VOCÊ, NOS PROFESSORES, NO SOL QUE BRILHA, NA CHUVA QUE CAI, NAS ÁRVORES QUE DANÇAM COM O VENTO, NOS BICHINHOS QUE DEUS CRIOU... GABRIEL, ENTENDEU ISSO RAPIDINHO. A VOVÓ DELE EXPLICOU QUE A GENTE SEMPRE PODE ESCOLHER COMO QUER VER O MUNDO: COM OLHOS ALEGRES OU MEIO TRISTES. ÀS VEZES, ACONTECEM COISAS QUE PARECEM QUERER DEIXAR A GENTE PARA BAIXO.

TALVEZ ISSO NOS FAÇA PENSAR QUE A BONDADE DE JESUS FOI EMBORA, MAS ISSO É UMA MENTIRA BEM GRANDE! JESUS CONTINUA CUIDANDO DA GENTE, MESMO QUANDO O DIA ESTÁ DIFÍCIL!

A VOVÓ DO GABRIEL FALOU ASSIM:

— MEU QUERIDO, NUNCA DEIXE A MALDADE DO MUNDO O IMPEDIR DE VER DEUS PAI EM TODAS AS COISAS. SE A GENTE GUARDAR O NOSSO CORAÇÃO NELE, SEMPRE VAI CONSEGUIR VER JESUS EM TUDO E EM TODOS!

ELA TAMBÉM FALOU QUE CADA LUGAR, CADA COISINHA QUE A GENTE FAZ OU VÊ, PODE MOSTRAR UM PEDACINHO DE JESUS! A VERDADE, A VERDADE MESMO, É O QUE A PALAVRA DE DEUS DIZ! E LÁ ESTÁ ESCRITO QUE O SENHOR ESTÁ AQUI COM A GENTE O TEMPO TODO! PODEMOS ACREDITAR NISSO SE TIVERMOS UM OLHAR ALEGRE E UM CORAÇÃO QUE AMA JESUS!

ORAÇÃO

QUERIDO DEUS, ENSINA-ME A VER TUA BONDADE. AMÉM.

O AMOR QUE CUIDA

NO DOMINGO, A FAMÍLIA DA VALENTINA ESTAVA ANIMADA PARA IR À IGREJA, PORQUE O PAPAI E A MAMÃE IAM CONTAR COMO JESUS TINHA SIDO MUITO BOM COM ELES, CUIDANDO ESPECIALMENTE DA SAÚDE DA VALENTINA. QUE ALEGRIA!

VALENTINA JÁ ESTAVA MELHOR E FELIZ POR PODER AGRADECER A TODOS OS AMIGOS DA IGREJA QUE CUIDARAM DELA. NAQUELE DIA, A MAMÃE CONTOU SOBRE UMA PARTE DA BÍBLIA EM QUE O APÓSTOLO PAULO AGRADECE ÀS PESSOAS QUE CUIDARAM DELE QUANDO ESTAVA DOENTE. ELA EXPLICOU QUE, ASSIM COMO PAULO, QUEM AMA JESUS DEVE SER UM AMIGO QUE ACOLHE! ACOLHER É COMO DAR UM ABRAÇO BEM FORTE E NÃO DEIXAR NINGUÉM SE SENTIR SOZINHO. É CUIDAR UNS DOS OUTROS, PRINCIPALMENTE DE QUEM MAIS PRECISA.

OS DIAS DIFÍCEIS TINHAM PASSADO, E AGORA ERA HORA DE FESTEJAR E AGRADECER POR TODO O CARINHO E AMOR DA FAMÍLIA E DA IGREJA! QUANDO A GENTE ACOLHE UM AMIGO QUE ESTÁ PRECISANDO, É COMO SE O AMOR DE JESUS VIRASSE FRUTINHOS DOCES! E É ISSO QUE DEUS PAI MAIS GOSTA! JESUS DISSE QUE ELE É A VIDEIRA (AQUELA PLANTA QUE DÁ UVINHAS!), NÓS SOMOS OS GALHOS E DEUS PAI É O JARDINEIRO. ISSO QUER DIZER QUE ESTAMOS TODOS LIGADOS, RECEBENDO AMOR DA MESMA FONTE!

A VOVÓ DE VALENTINA TAMBÉM ESTAVA LÁ NA IGREJA E NÃO PARAVA DE CHORAR, MAS ERA DE FELICIDADE! ELA VIA A NETINHA BEM DE SAÚDE E TODA A FAMÍLIA AGRADECENDO PRIMEIRO A DEUS E DEPOIS AOS AMIGOS DA IGREJA.

— É MARAVILHOSO TER A FAMÍLIA DE JESUS! — ELA DISSE BEM ALTO PARA TODOS OUVIREM!

ORAÇÃO

QUERIDO DEUS, OBRIGADO POR ME DAR AMIGOS E PESSOAS QUE CUIDAM DE MIM COM AMOR. AMÉM.

LEITURA BÍBLICA: 2CORÍNTIOS 5.19

DIA 266

AS PAZES COM DEUS!

MESMO A GENTE SENDO CRIANÇA, PRECISA ENTENDER QUE, ANTES DE JESUS, A GENTE ESTAVA LONGE DE DEUS. ELE É PERFEITO E PURO, E, POR CAUSA DAS COISAS ERRADAS QUE FAZEMOS (O PECADO), NÃO PODÍAMOS CHEGAR PERTINHO DELE. FOI POR ISSO QUE DEUS PAI MANDOU SEU FILHO, JESUS!

JESUS NUNCA FEZ NADA DE ERRADO. ELE SOFREU NO NOSSO LUGAR PARA NOS AJUDAR E SE TORNOU NOSSO ADVOGADO, UM AMIGO MUITO ESPECIAL QUE NOS AJUDA A FAZER AS PAZES COM DEUS! PELO NOME DE JESUS, AGORA PODEMOS CHEGAR PERTINHO DE DEUS, CONVERSAR COM ELE E SENTIR SEU AMOR!

MAS JESUS, ANTES DE IR PARA O CÉU, NOS DEU UMA MISSÃO IMPORTANTE: PEDIU QUE A GENTE CONTASSE ESSA BOA NOTÍCIA A TODOS! ASSIM, QUEM OUVIR E ACREDITAR NO QUE JESUS FEZ TAMBÉM PODERÁ FAZER AS PAZES COM DEUS. ESSA É A MELHOR NOTÍCIA DE TODAS! PRECISAMOS ESPALHAR QUE DEUS PAI NOS AMOU TANTO, MAS TANTO, QUE DEU SEU FILHO, JESUS! ELE MORREU POR NÓS PARA QUE PUDÉSSEMOS SER PARTE DA FAMÍLIA DE DEUS, FILHOS E FILHAS DELE!

OS AMIGOS DE JESUS SABIAM DESSA NOTÍCIA MARAVILHOSA! E, TODO DIA, TENTAVAM CONTAR PARA TODO MUNDO. CADA UM DO SEU JEITINHO, AONDE FOSSE, FALAVA SOBRE COMO PODEMOS FAZER AS PAZES COM DEUS POR CAUSA DE JESUS. NÓS TAMBÉM PODEMOS FAZER ISSO! QUE TAL COMEÇAR A CONTAR ESSA BOA NOTÍCIA?

VAMOS PREENCHER O JORNAL? QUAL NOTÍCIA VOCÊ TEM PARA CONTAR?

ORAÇÃO

JESUS, OBRIGADO POR NOS AJUDAR A FAZER AS PAZES COM DEUS PAI. OBRIGADO POR ME AMAR TANTO! AMÉM.

LEITURA BÍBLICA: 1JOÃO 4.21

JUNTOS COMO IRMÃOS

OS MENINOS MARCARAM UM JOGO DE FUTEBOL LÁ NO CAMPO DA PRACINHA. ELES AMAVAM IR PARA LÁ, PORQUE FICAVA PERTINHO DA CASA DELES E ERA UM LUGAR SEGURO PARA TODO MUNDO. QUASE TODO SÁBADO ELES FAZIAM ISSO. E QUANDO NÃO TINHA AULA? AÍ ERA CERTEZA QUE ELES ESTARIAM POR LÁ BRINCANDO!

ESSE DIA FOI MUITO, MUITO LEGAL! NÃO TINHA NADA DE ESPECIAL ACONTECENDO, ERA SÓ UM DIA COMUM. QUANDO ELES PARARAM UM POUQUINHO PARA DESCANSAR, JOÃO DISSE:

— AH, EU SOU TÃO FELIZ POR TER VOCÊS COMO MEUS AMIGOS! VOCÊS SE LEMBRAM DO QUE A PROFESSORA FALOU NA SALA?

— EU LEMBRO! ELA DISSE QUE HOJE EM DIA AS PESSOAS NÃO TÊM MUITOS AMIGOS, QUE ELAS FICAM MAIS NO CELULAR E NÃO SE ENCONTRAM PARA BRINCAR — RESPONDEU GABRIEL. — MINHA VOVÓ CONTA QUE ANTIGAMENTE OS AMIGOS ERAM COMO SE FOSSEM DA FAMÍLIA!

— É VERDADE! E A BÍBLIA TAMBÉM FALA SOBRE ISSO! NO TEMPO DA PRIMEIRA IGREJA, TODOS VIVIAM BEM JUNTINHOS, COMIAM E BRINCAVAM JUNTOS, ERAM COMO IRMÃOS! DEUS PAI FICA MUITO FELIZ QUANDO A GENTE SE AMA DE VERDADE, COMO IRMÃOS! — DISSE JOÃO.

— QUE BOM QUE VOCÊS ME ATURAM! E, SE VOCÊS FICAREM, EU VOU INCOMODAR VOCÊS ATÉ EU FICAR BEM VELHINHO! — DISSE ENZO, FAZENDO TODOS RIREM COM A BRINCADEIRA.

— SIM, AMIGO, A GENTE VAI ATURAR VOCÊ, ASSIM COMO VOCÊ TAMBÉM NOS ATURA! — DISSE GABRIEL, FAZENDO TODO MUNDO RIR DE NOVO E SAIR CORRENDO ATRÁS DA BOLA.

ORAÇÃO

QUERIDO DEUS, ME ENSINA A AMAR MEUS AMIGOS COMO IRMÃOS, DO JEITINHO QUE O SENHOR GOSTA. AMÉM.

LEITURA BÍBLICA: GÊNESIS 50.20

DIA 268

DEUS TRANSFORMA O MAL

JOSÉ É AQUELE GAROTO DA BÍBLIA QUE USAVA A TÚNICA COLORIDA. A HISTÓRIA DELE É FAMOSA! ELE PASSOU POR MUITA COISA TRISTE: OS IRMÃOS NÃO GOSTAVAM MUITO DELE, ELE VIROU ESCRAVO E ATÉ FICOU PRESO SEM TER FEITO NADA!

MAS JOSÉ VIROU UMA PESSOA MUITO IMPORTANTE, QUASE UM REI DO EGITO! E, MESMO DEPOIS DE TUDO QUE SOFREU, JOSÉ NÃO FICOU BRAVO. ELE CONTINUOU COM UM CORAÇÃO BOM, QUE SABIA PERDOAR E AMAR ATÉ OS IRMÃOS QUE FIZERAM COISAS RUINS COM ELE.

ENZO ADORAVA ESSA HISTÓRIA. UMA NOITE, ANTES DE DORMIR, A MAMÃE DELE CONTOU UM SEGREDO SOBRE ISSO, ALGO QUE ENZO NUNCA MAIS ESQUECERIA!

— MEU FILHO, VOCÊ SABE POR QUE JOSÉ NÃO FICOU BRAVO COM OS IRMÃOS DELE?

— AH, É PORQUE DEUS PAI ENSINA A GENTE A PERDOAR! — RESPONDEU ENZO.

— ISSO MESMO, MEU AMOR! MAS SABE O QUE MAIS? JOSÉ ENTENDEU QUE DEUS PAI TRANSFORMA COISAS RUINS EM COISAS BOAS! ELE NÃO FICOU PENSANDO NO MAL QUE OS IRMÃOS FIZERAM PORQUE SABIA QUE, SE TUDO AQUILO NÃO TIVESSE ACONTECIDO, ELE NUNCA TERIA CHEGADO AO EGITO. FOI LÁ QUE ELE CONSEGUIU COMIDA PARA TODA A SUA FAMÍLIA QUANDO A FOME CHEGOU! NA VERDADE, OS IRMÃOS, SEM SABER, ACABARAM AJUDANDO, PORQUE MANDARAM JOSÉ PARA O ÚNICO LUGAR ONDE TERIA COMIDA!

— ENTÃO, DEUS PAI TRANSFORMA TUDO EM COISA BOA? SEM DESPERDIÇAR NADA? — PERGUNTOU ENZO, IMPRESSIONADO.

— ISSO MESMO! DEUS SEMPRE SABE O QUE FAZ E TRANSFORMA ATÉ AS COISAS DIFÍCEIS EM ALGO BOM PARA A GENTE!

ORAÇÃO

QUERIDO DEUS, O SENHOR TEM PODER PARA TRANSFORMAR TODO O MAL EM ALGO BOM. AMÉM.

DIA 269

LEITURA BÍBLICA: LUCAS 2.40

CRESCENDO EM SABEDORIA E AMOR

VITÓRIA ESTAVA SUPERFELIZ!

ALÉM DA FESTA NA ESCOLA, ELA TINHA UMA SURPRESA GUARDADA PARA A FAMÍLIA. NA HORA DO ALMOÇO, ELA QUIS MOSTRAR ESSA SURPRESA.

— QUERO TOCAR UMA MÚSICA PARA VOCÊS! — DISSE VITÓRIA.

ELA FOI ATÉ O PIANO E TOCOU UMA MÚSICA BEM LINDA. A MAMÃE FICOU TÃO EMOCIONADA QUE LOGO ABRAÇOU A FILHA, COM LÁGRIMAS NOS OLHOS, E DISSE COMO ERA FELIZ POR TER UMA FILHA TÃO CARINHOSA.

— SOU ABENÇOADA! EU LI NA BÍBLIA QUE JESUS CRESCEU FORTE E SAUDÁVEL. A CADA ANO, ELE FICAVA MAIS INTELIGENTE E MAIS AMADO POR DEUS E PELAS PESSOAS. E EU SEI QUE OS PAIS DELE FORAM MUITO IMPORTANTES, POIS AMAVAM MUITO A DEUS E, POR ISSO, OBEDECERAM AO SENHOR E CUIDARAM DE JESUS QUANDO ELE ERA CRIANÇA, ASSIM COMO VOCÊS CUIDAM DE MIM. MUITO OBRIGADA! EU AMO VOCÊS!

FOI UM DIA MUITO ESPECIAL PARA TODOS.

QUANDO OS PAIS DIZEM "SIM" PARA DEUS PAI, ELE PODE NOS AJUDAR A CRESCER E APRENDER. ÀS VEZES, OS PAIS NOS CORRIGEM, MAS É PORQUE NOS AMAM — ASSIM COMO DEUS PAI TAMBÉM NOS ENSINA COM AMOR!

ORAÇÃO

QUERIDO DEUS, OBRIGADO PORQUE MINHA FAMÍILA ME AMA. AMÉM.

VER JESUS

A BÍBLIA NOS CONTA A HISTÓRIA DE UM HOMEM MUITO ESPECIAL CHAMADO JOÃO BATISTA. DEUS ESCOLHEU JOÃO BATISTA PARA UMA MISSÃO IMPORTANTE: CONTAR PARA TODO MUNDO QUE JESUS ESTAVA CHEGANDO! ELE ERA PRIMO DE JESUS, E SEU TRABALHO ERA MOSTRAR A TODOS QUE JESUS ERA O SALVADOR, AQUELE QUE VEIO PARA AJUDAR E AMAR TODAS AS PESSOAS.

UM DIA JOÃO BATISTA FOI PRESO. ELE ESTAVA EM UM LUGAR DIFÍCIL E FICOU COM DÚVIDA NO CORAÇÃO. ENTÃO, ELE MANDOU ALGUNS AMIGOS IREM PERGUNTAR A JESUS: "É VOCÊ MESMO O SALVADOR QUE ESTAVÁMOS ESPERANDO?". ISSO FAZ A GENTE PENSAR, NÃO É? ÀS VEZES, QUANDO ESTAMOS TRISTES OU PASSANDO POR UM MOMENTO DIFÍCIL, PODEMOS FICAR EM DÚVIDA SOBRE ALGUMAS COISAS. MAS A BÍBLIA CONTA QUE JESUS RESPONDEU AOS AMIGOS DE JOÃO BATISTA MOSTRANDO TUDO O QUE ELE FAZIA! ELE CURAVA AS PESSOAS, AJUDAVA QUEM PRECISAVA. COM ESSAS AÇÕES, JESUS MOSTROU QUE ELE MESMO ERA O SALVADOR QUE TODOS ESPERAVAM!

É IMPOSSÍVEL NÃO VER JESUS! SABE POR QUÊ? PORQUE, ONDE ELE PASSA, TUDO MUDA! QUANDO A GENTE CHAMA POR JESUS, COISAS INCRÍVEIS ACONTECEM: A GENTE RECEBE AJUDA, SE SENTE PROTEGIDO E AMADO. JESUS É O SALVADOR ESPERADO, AQUELE QUE PODE CURAR, LIBERTAR E SALVAR A GENTE!

COM A RESPOSTA DE JESUS, A GENTE APRENDE QUE O QUE A GENTE FAZ — NOSSAS AÇÕES — VALE MUITO MAIS DO QUE MIL PALAVRAS. BASTA OLHAR EM VOLTA, PARA VER JESUS AGINDO E MOSTRANDO QUE ELE EXISTE E ESTÁ SEMPRE COM A GENTE!

ORAÇÃO

QUERIDO JESUS, EU CREIO QUE, ONDE O SENHOR ESTÁ, TUDO MUDA. AMÉM.

LEITURA BÍBLICA: JOÃO 13.15

O EXEMPLO DE JESUS

QUANDO ALGUÉM PERGUNTA SOBRE A IGREJA OU A FÉ, ALGUMAS PESSOAS DIZEM QUE SÃO CRISTÃS. SER CRISTÃO QUER DIZER QUE A GENTE ACREDITA EM JESUS E TENTA VIVER COMO ELE. ESSE NOME, "CRISTÃO", NÃO É DE AGORA, VIU? ELE SURGIU LÁ NO TEMPO DOS AMIGOS DE JESUS, OS DISCÍPULOS! CRISTÃO ERA COMO SE FOSSE "PEQUENO CRISTO", OU SEJA, UMA PESSOA PARECIDA COM JESUS.

NÃO TEM ALEGRIA MAIOR PARA O PAPAI OU A MAMÃE DO QUE VER QUE OS FILHOS SE PARECEM COM ELES, NÃO É? VOCÊ PODE ATÉ PERGUNTAR A ELES — ELES FICAM MUITO FELIZES! COM DEUS PAI É A MESMA COISA! ELE NOS AMA MUITO E QUER QUE NÓS, SEUS FILHOS, SEJAMOS COMO ELE. JESUS MESMO DISSE QUE, ENQUANTO ESTEVE AQUI NA TERRA, ELE NOS MOSTROU COMO VIVER, E QUE DEVEMOS SEGUIR O QUE ELE FEZ.

JESUS, EM TUDO O QUE FEZ E VIVEU, FOI MUITO PACIENTE, GENEROSO E BONDOSO. ELE DEIXOU O EXEMPLO PERFEITO PARA QUE, FAZENDO COMO ELE, A GENTE TAMBÉM FIQUE CADA VEZ MAIS PARECIDO COM ELE.

POR ISSO, TODOS OS DIAS, A GENTE DEVE LER A BÍBLIA E APRENDER COM JESUS. PRESTAR ATENÇÃO NO JEITO QUE ELE AGIA. COMO ELE FALAVA E SE COMPORTAVA É O NOSSO MAIOR EXEMPLO. SE FIZERMOS ISSO, IGUAL AOS AMIGOS DE JESUS, PODEREMOS SER CHAMADOS DE CRISTÃOS — QUE QUER DIZER SEGUIDORES DE CRISTO!

ORAÇÃO

QUERIDO JESUS, O SENHOR É O MEU MAIOR EXEMPLO. AMÉM.

CORAÇÃO GENTIL

VITÓRIA ESTAVA INDO PARA A AULA DE PIANO, MAS RESOLVEU PARAR UM POUQUINHO NO CAMINHO, PERTO DA ESCOLA. LÁ HAVIA UM MOÇO VENDENDO PICOLÉ. QUE GOSTOSO! TINHA UM SABOR NOVO: ABACAXI COM HORTELÃ!

VITÓRIA PEGOU SEU DINHEIRINHO, COMPROU O PICOLÉ E, QUANDO IA ENTRAR NA ESCOLA, UM MENINO QUE PARECIA TER UNS 6 ANOS APARECEU PERTO DELA. ELE ESTAVA COM A ROUPA SUJA E SEGURAVA UMA CESTINHA NA MÃO. ENTÃO, ELE PERGUNTOU:

— VOCÊ PODE ME DAR ALGUMA COISA PARA COMER?

VITÓRIA SE LEMBROU DO QUE APRENDEU EM CASA: SER GENEROSO É UM PRESENTE DE DEUS. ELA SEMPRE PEDIA A DEUS UMA CHANCE DE AJUDAR ALGUÉM. NA MESMA HORA, ELA SORRIU E DISSE:

— MAS É CLARO QUE SIM! O QUE VOCÊ QUER?

O MENINO ESTAVA COM MUITA VONTADE DE COMER O PICOLÉ DA VITÓRIA! ELA ATÉ PENSOU EM DAR MAIS MOEDAS PARA ELE COMPRAR UM PÃO, MAS SABIA QUE ELE QUERIA MESMO ERA AQUELE PICOLÉ BEM GELADINHO QUE ESTAVA NA MÃO DELA. ENTÃO, VITÓRIA RESOLVEU FAZER ALGO AINDA MAIS ESPECIAL! COMPROU UM SANDUÍCHE PARA O MENINO E DEU A ELE O PICOLÉ. QUE ATITUDE LINDA!

O MENINO FICOU MUITO SURPRESO E DISSE:

— NUNCA VI NINGUÉM TÃO GENTIL COMO VOCÊ NA MINHA VIDA TODA!

PODE PARECER QUE VITÓRIA “PERDEU” O PICOLÉ DELA, MAS, QUANDO A GENTE ANDA PERTINHO DE JESUS, APRENDE QUE NOSSAS COISAS VÃO E VÊM. O MAIS IMPORTANTE É OLHAR PARA JESUS, NÃO SE PREOCUPAR COM AS COISAS RUINS QUE PODEM ACONTECER E CONTINUAR MOSTRANDO AMOR!

ORAÇÃO

QUERIDO JESUS, DÁ-ME UM CORAÇÃO GENTIL COMO O TEU. AMÉM.

LEITURA BÍBLICA: 1CORÍNTIOS 14.33

DEUS GOSTA DE TUDO ARRUMADINHO!

A PROFESSORA DE ARTES LEVOU A TURMA PARA O NOVO LABORATÓRIO, UMA SALA QUE SERIA TRANSFORMADA EM UM ESPAÇO DE COR E BELEZA. AO CHEGAREM, A SURPRESA: O LOCAL ESTAVA UMA BAGUNÇA, COM TUDO FORA DO LUGAR E MESAS AMONTOADAS.

JOÃO, UM DOS ALUNOS, LOGO EXCLAMOU: "DESORDEM NÃO É DE DEUS!" A PROFESSORA, INTERESSADA, PEDIU QUE ELE EXPLICASSE. JOÃO ARGUMENTOU QUE DEUS É SANTO E GOSTA DE CLAREZA, E QUE O LOCAL SÓ SERIA UMA BÊNÇÃO SE FOSSE ORGANIZADO, CITANDO A BÍBLIA QUE DIZ QUE DEUS NÃO É DEUS DE DESORDEM, MAS DE PAZ. TODA A SALA CONCORDOU E IMEDIATAMENTE INICIOU UM MUTIRÃO.

EMBORA NÃO TIVESSEM FEITO ARTE AQUELE DIA, APRENDERAM UM PRINCÍPIO VALIOSO SOBRE ORGANIZAÇÃO. NA SEMANA SEGUINTE, JÁ ESTAVAM FELIZES E BEM INSTALADOS EM SEU CANTINHO NOVO, TODO ARRUMADINHO.

ORAÇÃO

QUERIDO DEUS, AJUDA-ME A SER ORGANIZADO. AMÉM.

DIVERSÃO EM FAMÍLIA

PINTE O DESENHO DE GABRIEL CANTANDO.

café com Deus pai KIDS
Best Seller
UM AMOR QUE SEMPRE ME ABRAÇA
JUNIOR ROSTIROLA
vélos
VOLUME 3 DE 4

café com Deus pai KIDS
Best Seller
UM AMOR QUE NUNCA ACABA
JUNIOR ROSTIROLA
vélos
VOLUME 1 DE 4

café com Deus pai KIDS
Best Seller
UM AMOR QUE ENCHE O MEU CORAÇÃO
JUNIOR ROSTIROLA
vélos
VOLUME 4 DE 4

café com Deus pai KIDS
Best Seller
UM AMOR QUE CUIDA DE MIM
JUNIOR ROSTIROLA
vélos
VOLUME 2 DE 4

NESTA EDIÇÃO, A COLEÇÃO
CAFÉ COM DEUS PAI KIDS GANHA

4 LIVROS INÉDITOS

EMBARQUE EM UMA JORNADA DE CONHECIMENTO DO AMOR DE DEUS PAI.

COM HISTÓRIAS LÚDICAS, DIVERTIDAS E ILUSTRAÇÕES CRIATIVAS, ESTE CONTEÚDO IRÁ CATIVAR AS CRIANÇAS E TORNAR A HORA DE LEITURA AINDA MAIS ÚNICA.

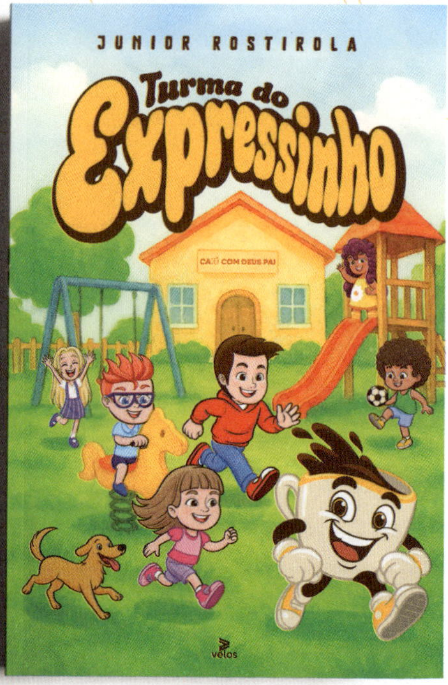

JOÃO E ISABELLA TÊM UM NOVO VIZINHO, DAVI! JUNTO COM O RESTANTE DA TURMA, VITÓRIA, VALENTINA, ENZO E GABRIEL, VIVEM SITUAÇÕES DO DIA A DIA E TIRAM LIÇÕES PRECIOSAS PARA TODA A VIDA. ***EXPRESSINHO*** SEMPRE ESTARÁ POR PERTO PARA DIVERTIR E AJUDAR A REFLETIR SOBRE CADA MOMENTO.

JUNIOR É UM MENINO TÍMIDO QUE TEM COMO COMPANHEIRA DE AVENTURAS SUA BICICLETA! O ÚNICO PROBLEMA É QUE, TALVEZ, ELA ESTEJA TÃO, TÃO, TÃÃÃÃO VELHINHA QUE SEU BANCO ESTEJA RASGADO, OS FREIOS RANGENDO E A CORRENTE FROUXA! MAS JUNIOR TAMBÉM TEM AMIGOS INCRÍVEIS: MICHELLE, ANA, TED E O RECÉM-CHEGADO BRIAN, QUE VÃO AJUDÁ-LO A ***VENCER OS DESAFIOS*** QUE SURGEM NO DIA A DIA. BORA DESCOBRIR O QUE VAI ACONTECER?

SOBRE O AUTOR

JUNIOR ROSTIROLA É AUTOR DO BEST-SELLER *CAFÉ COM DEUS PAI*, O LIVRO MAIS VENDIDO DO BRASIL NOS ÚLTIMOS ANOS, COM MAIS DE 10 MILHÕES DE CÓPIAS. BACHAREL E PÓS-GRADUADO EM TEOLOGIA BÍBLICA, SUPEROU UMA INFÂNCIA MARCADA POR VIOLÊNCIA, TRANSFORMANDO SUA DOR EM PROPÓSITO. FUNDADOR DA ASSOCIAÇÃO ESCOLHI AMAR, LIDERA PROJETOS SOCIAIS COMO ORFANATOS E CENTROS DE RECUPERAÇÃO. CASADO COM MICHELLE E PAI DE JOÃO PEDRO E ISABELLA, JUNIOR INSPIRA MILHÕES COM MENSAGENS DE FÉ, SUPERAÇÃO E CONEXÃO COM DEUS.

Junior Rostirola

@juniorrostirola